商流をつくって
半自動的に儲かり続ける

業種×業態別

ショールーム営業戦略

細井透
HOSOI TOORU

エベレスト出版

まえがき

本書は「今後、ショールームを使ってビジネスを拡大していきたい」「ショールームを今よりももっと活用して、儲かるスペースにしたい」「使われなくなったショールームを復活させて、人が集まる場所にしたい」――このような望みを持つ方のために書きました。

本書の最大の特徴は、ショールームの概念を一新しながら、これまでになかった全く新しい活用の仕方を、事例を交えて分かりやすく解説している点です。

これまで、ショールームの在り方や活用の仕方を詳しく解説した書籍はありませんでした。そのためショールームというと、ハコの中にモノを押し込むような決まりきった形態になってしまい、その結果、ほとんどの中小企業は活用することができず失敗を繰り返してきました。

本来であれば、業種・業態、ビジネスモデルに合わせてショールームを作るべきところを「ショールームとはこういうものだ」とばかりに固定観念で作ってしまうため、大切なお金を失うばかりか、ショールームは邪魔者扱いにされてしまったのです。

詳しくは本書の中で説明していますが、ショールームを自社に最適な形態で作り、同時に、それを回すための組織やしくみも構築しなければ必ず失敗します。

また集客の方法も、これまでは「とにかく人を集めれば何とかなる」「飲み食い・景品があれば集まる」といった、これまた固定観念で集客するため「儲からない」「あとに何も残らない」といったショールームイベントになっていました。

もしあなたが、冒頭のような望みをお持ちでしたら「ショールーム営業」を実践するに限ります。そのためには本書をじっくりと読むことをお勧めします。本書にはショールーム営業のノウハウを、紙面が許す限り盛り込んでいるからです。

特に、これからショールームを作ろうとしている方には、失敗しないためにも是非読んでいただきたい一冊です。

本書は、ショールームを活用して売り上げを上げたい、利益を増やしたいと思っている経営者の方のために書いた書籍ですが、製造業、卸売業、小売業、建設業、水道工事業などの事例を豊富にご紹介していますので、ほかの経営者の方にも参考にしていただける点は数多くあります。

また本書は、これまで常識とされてきたショールームの作り方や、集客の仕方に一石を投じた書籍です。

今の暗闇の時代に、小さな明かりを灯すことができれば、少しでも世の中のお役に立てるとの想いを、この書籍のデザインと本文に込めました。

読者の皆さん、どうぞ納得が行くまで繰り返し読んでみてください。そして、本書が皆さんのビジネスの一助となれば幸いです。

2021年10月

細井　透

目次●商流をつくって半自動的に儲かり続ける業種×業態別 ショールーム営業戦略

第1章

ショールームは販売戦略のキーデバイス

1、ショールームとは何か

ショールームの新しい定義

本書は、ショールームを活用して売り上げを上げたい、利益を増やしたいと願う経営者の方のために、儲かる「ショールーム営業」のやり方を解説した専門の書籍です。

本書の特徴は、業種・業態別に、どのようにショールームを作り、どのように活用すれば儲かるのかということを、事例を交えて解説している点です。

事例には、製造業、卸売業、建設業などの実例をあげており、それぞれ共通の問題、課題も指摘しています。また、マトリクス図を使って業種・業態別に、自社に最適なショールームの在り方と形態を提案しています。

したがって、どんな業種・業態の企業でも参考にしていただけますし、今現在、ショールームをお持ちになっていて、その使い方にお悩みの方、これからショールームを作ろうとしている方にも参考にしていただけるものとなっています。

私は、これまで30年以上にわたって、２千社以上の大企業、中小企業とかかわり、数多くのショールームイベント、展示会を経験してきました。

長年、ショールームや展示会を見てきましたが、いかに「もったいないショールーム」が多いかということ、また「何のための展示会なのか」という、残念な気持ちと怒りにも似た感情を常に持っていました。

自分だったら「ショールームや展示会をこんな風に使って、こんな形で売上や利益に変換するのに」などと考えていたわけです。

事実、これまでに１００以上のショールームイベントや展示会を指導してきましたが、ほぼ１００％の確率で売上・利益を大きく伸ばしています。

中には、利益10倍を達成した企業もあり、ショールームの力をまざまざと見せつけることに成功しています。

そして当社は「日本で唯一のショールーム営業コンサルタント」を標榜しています。

なぜ「日本で唯一」なのか。

長年ショールームにかかわってきましたが、ショールーム営業を指導するコンサルタントに出会ったことがないからです。

もちろん、他の大勢のコンサルタントの方とお会いしますし、コンサルタントの指導的な立場の方ともお会いしますが「聞いたことはない」という反応です。

「それ、どんなコンサルティングなの?」と、こちらが聞かれるくらいですから、営業系のコンサルタントの中でも異色なのでしょう。もし、当社と同じようなコンサルティングを提供する会社、もしくは個人の方がいらっしゃいましたら、ぜひお会いしたいと思います。

ところで、皆さんに質問です。

皆さんは、ショールームと聞くとどんなイメージを持ちますか?

駅前や郊外にあり、立派な建物の中に入居し、明るく開放的な空間の中に展示物が整然と並べられ、制服を着たアドバイザーが丁寧に製品説明をしてくれる。

こんな感じでしょうか。

これは非常に一般的なイメージであり、何ら間違いでもありません。むしろ正常なイメージといえます。なぜなら、街中を見渡せば、自動車、水回り製品、家具、インテリアなどのショールームが目を引くことと、これらはいま述べた特徴を備えており、皆さんがイメージするショールームの典型だからです。

しかし「儲かるショールーム」を作るうえでは、このイメージが逆に邪魔をし、間違ったショールームを作ってしまうことになります。

なぜなら企業は、それぞれに個性があり、考え方も違います。それを一緒くたにして、ショールームとはこういうものだと考えるほうが間違っているのです。

ましてや業種・業態が違えば、モノやサービスの見せ方も違うはずなのに、たいていは「ハコ（建物）」を作ってその中に「モノ（製品）」を押し込んでしまいます。

これでは、その企業に最適なショールームを作ることはできません。逆に、そのショールームが足手まといになり、経営を圧迫するなどということも起きてしまいます。

「いや、うちは製品の展示の仕方を工夫して、顧客に分かりやすくしている」とか、「駐車場は広いし、ショールーム内はゆったりしていて快適に見てもらえるはずだ」とか、「お金をかけて立派なショールームを作ったから、よそより差別化できている」などと大きな勘違いをされる方がいます。展示の方法や立地、大きさ、ましてやお金のかけ方の問題ではないのです。

このあたりの根本的な考え方を変えない限りは、ショールームを活用して儲けることなどは夢のまた夢です。

私は長年、多くのショールームにかかわってきたこともあり、感覚的に「なぜ活用できないのか」「なぜ失敗するのか」ということを理解していました。

しかし、それだけでは「もったいないショールーム」をなくすことはできません。他人に伝えるコンテンツも技術も持っていないからです。

そこで、ショールームの活用法を体系化し、分かりやすくアドバイスできるようにしようと考えたのです。そして、この「ショールーム営業」をコンテンツとして起業し、現在の職業にしたというわけです。（ショールーム営業については、このあと第３章でご説明します）

ところで先ほど、ショールームのイメージについてお聞きしました。そしてそれは、一般的で正常なイメージではあるが「儲かるショールーム」を作るうえでは邪魔になるとまで申し上げました。

それでは「儲かるショールーム」とは一体どんなショールームなのでしょう。これから皆さんと一緒に考えていきましょう。

ショールームで何をしたいのか

まず、お聞きします。皆さんは、なぜショールームを作ろうと思ったのですか？

「そりゃあ、ショールームで自社製品を顧客に見せて、良さを知ってもらって、そしたら売り上げが上がるからだよ」

「駅前の好立地にショールームを作ればお客さんは入ってくるでしょ。館内は明るくてきれいで、あとは製品説明のアドバイザーがいれば完璧だ」

「製品展示の方法を工夫して、なるべくたくさんの製品を見てもらいたいね。来館者はたぶん圧倒されると思うよ」

このように答えた方は、十中八九失敗します。

それでは次の質問です。

あなたはショールームで何をしたいのですか？

「そりゃあ・・・、ビジネスだよ。夢のあるビジネスをしたいね」

「え〜と、みんなが憧れるショールームにしたいです」

「ショールームを持っていることがステイタスになるでしょ」

こうなったら最悪です。

あなたは、憧れや妄想でショールームを作っていませんか?もしくは作ろうとしていませんか?そうであったら、即刻リニューアルもしくは中止です。

なぜか?

このままでは絶対失敗するからです。１００％失敗です。

憧れや妄想はすぐに現実に引き戻され、そのあと厳しい現状と向き合わなければなりません。大金をかけて作ったショールームは閑古鳥が鳴き、製品は埃をかぶり、通路は道具やカタログや荷物を置く場所に変わります。

こういったショールームを当社では「もったいないショールーム」と呼んでいます。

本来、**ショールームは「商ルーム」でなければなりません。すなわち「商談をする場所」**だということです。

ショールームで儲けたいなら、まず「ショールームで何をしたいのか」を明確にするとともに、商談の場としてください。前述のような答えでは全く答えになっていません。儲かるショールームづくりはここから始まります。

儲かるショールームは誰でも作れる

先ほど、ショールームのイメージをお聞きしました。そしてその答えは、確かに正常なイメージだと申し上げました。しかし、それでは儲かるショールームにはならないということも、また、そのイメージが邪魔をして儲かるショールームが作れないとも申し上げました。

それでは、どのようにイメージを変えていけばいいのかをご説明します。

まず、ショールームの意味を考えてみましょう。

ショールーム＝Show Room。Showとは「見せる」という意味です。これは普通ですね。皆さんが思っている通りです。

それでは、Roomの意味はなんですか？「部屋」ですか？そうです「部屋」です。ところが、ほかにも意味があります。「場所」とか「余地」という意味です。

例えば、皆さんが海外旅行に行ったとします。ホテルのエレベーターの前で、エレベーターが来るのを待っていると思ってください。やがてエレベーターがスーッとやってきて、扉が開きます。さあ、乗ろうと思ったら、おっとっと、残念ながら満員です。

この時、英語でなんと言うかご存じですか？

「No Room 」と言います。「あなたの乗る場所、余地はありませんよ」という意味です。

この意味からすれば、Show Room は「見せる場所」と解釈できます。見せる場所ですから、モノやサービスを見せられればそこは立派なショールームです。大きいとか小さいとか、豪華とか簡素とか、屋内とか屋外とかは関係ありません。

「えっ!?これがショールーム?」というものまであります。


例えば、定食屋さんの店先に、蝋で作られたサンプルがガラスケースに入っているのを見かけたことがあると思います。あれ、ショールームです。

「そんな馬鹿な！それだったら何でも何処でもショールームじゃないか」と思われるかもしれませんが、その通りです。何でも何処でもショールームになります。ちょっと極端な例を出しましたので面食らったかもしれませんが、そのように頭を切り替えてください。

「じゃあなんであの定食屋のオヤジは、いつも貧乏暇なしでピーピー言っているんだ」と反論したくなるかもしれません。

ここが重要なのですが**「ショールームを作っただけでは儲かりませんよ」**ということです。当たり前ですよね。ショールームを作っただけで儲かるなら、今頃、地球上のすべての人が儲かってお金持ちになっているでしょう。

「それでは、どのようにショールームを作り、ほかに何が必要なのか？」「儲かるショールームは誰でも作れると言っているが、本当か？」

こんな疑問をお持ちになった方も多いと思います。ご安心ください。儲かるショールームの作り方を丁寧にご説明しますし、その考え方に沿って作れば誰でも儲かるようになります。

その考え方、方法論については第2章で解説しますので、この章ではショールームのイメージを変えることから始めてください。

2、ショールームだけが持つメリット

ショールームにはメリットがたくさん

ショールームのイメージが少し変わったところで、次はメリットについて考えてみましょう。ショールームだけが持つメリットです。

「だけ」ですから、ショールーム以外は持っていないことになります。なんでしょう？そうです「リアル」ということです。

文字や音声はいうに及ばず、動画も、写真も、図面も、この「リアル」は持ち合わせていません。これらは実物ではないのです。

皆さんは、耐久消費財―例えば、車とかカメラとかパソコンとか―を買う場合、まず間違いなく現物を確かめに行きますね。

これらの製品を買う場合、ネットで済ませることもあるでしょうが、それは、その製品の情報を十分持っている場合に限られます。

中には「俺はいつでも、どんな製品でもネットで買う」という方がいるかもしれません

が、そういう方はちょっと特別な方です。

超がつくほど、お金持ちか面倒くさがり屋かどちらかでしょう。多くの一般庶民なら、まず間違いなく実物を確認します。買った後に「しまった！」ということにならないようにするためです。


最近ではバーチャルショールームといって、館内を３６０度カメラで撮影し、ネット上で公開している企業もあります。この場合、現地に行かなくても動画や写真で製品を確認できるメリットはありますが、なんといっても画面越しなのがじれったいところです。まず、自分の気に入った製品があるかどうか確認し、あれば現地へ実物を確認に行くという使い方になります。

まあ、これはこれでメリットはあると言えますが、最終的には実物を確認する必要があり、もしかしたらバーチャルでは確認できなかった製品があるかもしれません。


他にはどんなメリットがあるでしょうか。リアルだけが持つ質感、臨場感、そういった感覚を五感で感じ取ることができるのも大きなメリットです。

「百聞は一見に如かず」といいます。「百回聞くより、実際に自分の目で見るほうがよく分かる」という意味です。しかしこの場合「百回見るより一回でも体感したほうがよく分かる」と言い替えることができます。
実際に自分の目で見、耳で聞き、鼻で嗅ぎ、肌で触り、舌で味わい、第六感でひらめくということは、とてつもないほどの情報量だということです。特に第六感は、その場にいなければ働きません。

当社は定期的に少人数のセミナーを行っていますが、リアル会場でのセミナーにこだわっています。（必要に応じて、オンラインでも行っています）
それは、オンラインでは臨場感が薄く、受講者はもちろん、セミナー講師にとっても第六感が働かないことが残念でもったいないと思うからです。

それに加え、オンラインの場合、集中力が途切れることがあります。いつでも逃げ出せる環境にありますので、一瞬、ふとよそ事を考える時間帯ができてしまいます。
これは、リアルの場合ほとんどないことです。もちろん、その内容の重要性が大きくかかわりますが、本当に重要な内容であれば1時間はもちろん、2時間でも3時間でも集中することができます。

人は、モノを自分の目で確認すると、そのモノに愛着が湧きます。また、数多くショールームイベントや展示会を経験してきましたが、イベントや展示会で失敗しないためには、本物の見込み客を集客することが絶対です。

なぜなら、そのような顧客は実物を見た場合、ほとんどの人が購買もしくは契約するからです。要は、購買率や契約率が上がるということです。

加えて、仮に「松竹梅」というグレードがあった場合、必ず「松」を選ぶことになるからです。要は、単価が上がるということです。

このことについては、非常に重要なヒントを販売戦略に与えているといえます。また「ショールームだけでは儲かりませんよ」と冒頭に申し上げたことにつながります。

それはさておき、ショールームというツールは、購買率や契約率の向上と単価の向上が見込めるというメリットがあります。

以下については、ショールームだけのメリットというわけではありませんが、例えば、人通りの多い路面店であれば広告・宣伝効果がありますし、清潔感あふれるショールームであれば企業イメージの向上にもなります。また、体験型のショールームであれば、来館者はリピーターとなって認知度も上がります。

こういったことから分かるように、リアルのショールームというツールは、メリットだらけの、企業の販売戦略にはなくてはならないキーデバイスだと言えます。

ショールームのデメリットとは

メリットがあればデメリットもあるというのが常です。ショールームのデメリットとは何でしょう？

「えっ、デメリットなんかバラしちゃっていいの？」という声が聞こえてきそうです。まったく構いません。ちょっと考えてみてください。

それは、失敗したときの代償が大きい場合があるということです。これをデメリットと言えるかは別として「山高ければ谷深し」です。

この言葉は、実は、株式相場の格言です。意味は「相場が高騰した後は暴落する危険があり、注意が必要だ」ということです。「ショールームと株式相場を一緒にするな」と言われそうですが、分かりやすいたとえですのでご紹介しました。

申し上げたいのは、メリットが大きい分、失敗したときのデメリットも大きいということです。

残念ながら、中小企業で本当にショールームを活用できている会社に、今まで出会ったことがありません。

ですから、デメリットというより、失敗する確率が圧倒的に高いと言ったほうがいいのかもしれません。

そして問題なのは、失敗しているという認識が経営者の方にないことです。

いずれにしても、大きなメリットがある反面、これまでの考え方ではその活用の仕方が難しく、それがデメリットにもなるということです。

今「失敗したときの代償が大きい場合がある」と申し上げましたが、どんな代償を払わなければならなくなるのでしょうか。


大きく分けて二つあります。

一つは財務的代償、二つ目は精神的代償です。


一つ目の財務的代償は、何もショールームだからというわけではありませんが、中小企業がある程度のお金をかけて施設を作るわけです。したがって、失敗したときはそのお金を失うことになり、財務面で悪影響を及ぼします。

「うちの会社はそんなことくらいじゃあビクともしないよ」とおっしゃる経営者の方もいますが、そういう方に限って「イタタタタ・・・」「なんとか復活させられないか」など思っています。

ショールームはお金をかけて作ります。お金が姿かたちを変えてショールームという施設に変化しています。ですからこれを（固定）資産と呼びます。資産は活用することにより価値が出ますが、活用しない資産は価値がゼロです。会計的にいえば評価額ゼロ、減損処理しなければなりません。

損益計算書の利益は減少し、貸借対照表の純資産にも影響します。

ということは、決算書に悪影響を及ぼし、銀行や取引先など、ステークホルダーの信用にも悪影響を及ぼします。

二つ目は精神的代償です。

せっかく作ったショールームをうまく活用できずに、放置、閉鎖、取り壊ししたとします。そうなった場合、周りの反応はどうでしょう。

「ショールームをうまく使えなかったくらいでそんな大げさな」とお思いでしょうか？冒頭で、30年以上ショールームにかかわってきたと申し上げましたが、その経験で言えば「中小企業がショールームを作ってもうまくいかない」というのが定説でした。

事実、先ほど申し上げたように、本当に活用できている中小企業に出会ったことがありません。

その定説を破ってショールームを作る中小企業は結構な数あるのですが、やはりうまくいきません。その時に周りの反応を想像してみてください。


「それ見たことか」

「いわんこっちゃない」

「ざまあみろ」

「大体、あの会社にショールームなんて１００年早い」

などなど。

言葉が悪くて申し訳ありません。

しかし、この反応がほとんどです。「残念でしたね、またチャンスはありますよ」などと励ましてくれる人は、ほとんどいないか、いてもごくわずかです。


なぜこんな反応になるのか、分かりますか？

ショールームは商売人にとって憧れです。自分も作りたい。でも使いこなす自信はないし、その資金もない。あきらめるしかないか。こう思っている経営者の方が多いのは事実です。そして、憧れのショールームをほかのだれかに作られたら、やっかみになります。

そういった状況で、他人のショールームがうまくいかなければ、先ほどの反応のようになるのは当然です。「他人の不幸は蜜の味」だということです。

こういった反応が、うまく活用できなかった本人には負担となり、お金を失ったことも重なってうつ病になる人もいます。中には、10年立ち直れなかったという経営者の方もいました。

これらのデメリットは、失敗しなければついて回りません。要は、失敗しなければいいわけです。せっかく作ったショールームですから、長く活用していけるしくみづくりをするべきです。決して「物置」にならないようにすることです。

それには、先ほども申し上げましたが、憧れや妄想で作らないことです。きっちりした戦略・戦術を携えたうえで作ることをお勧めします。

展示会でも売り上げは伸ばせる

これまでショールームについて述べてきましたが、実は、展示会でもショールームと同じ効果を出せることが分かっています。後述しますが、展示会というのはショールームの形態の一種なのです。

そこで一つ、展示会を活用して大幅に売り上げを伸ばした実例をご紹介します。

関東圏にある、小規模な建設用機械商社、Y社の売り上げが伸び悩んでいました。時は民主党政権下、「コンクリートから人へ」のスローガンのもと建設不況の真っただ中です。加えて、リーマンショックの余波が消えない状況下で、Y社は四苦八苦していました。

公共工事が激減し、土木も建築も需要不足。したがって、建設機械なんか売れるわけがありません。

たまに売れても、同業他社と価格競争で利益はどんどん削られ、ついには赤字すれすれのところまで追い込まれました。

社員の給料・ボーナスは上がらず、年配役員の報酬は年金併用というありさま。社内の雰囲気は最低レベルです。

この建設不況がいつまで続くのか見通せない中、指をくわえてじっとしているわけにもいきません。

そこで、何か売上げになることができないかと考え抜いた結果、展示会の自主開催を行うことになりました。

Y社は商社ですので、自社でショールームを持つことはしませんでした。その代わり、仕入れ先のある大手建設機械商社の合同展示会に出展していました。

しかし、出展しているだけで集客に力を入れるわけでもなく、大手商社任せのやる気のない展示会でした。Y社はここを見直し、展示会は自主開催、しかも展示品を建設機械ではなく機械工具に絞ったのです。

建設機械に比べれば、機械工具なんて金額が小さく売り上げの足しになるとは考えていません。しかし、背に腹は代えられない事情が功を奏しました。

大手商社任せの展示会から、自社で開催し自社で集客するスタイルに切り替え、結果を出したのです。

機械工具の単価は小さいが、利益率は建設機械に比べるとずいぶんといい。ちりも積もればなんとやらで、定期的に開催するうちに結構な利益になります。

そのうち「それじゃあ建設機械もお宅で頼もうか」という顧客も現れ、一石二鳥です。

これにより、売上・利益ともに大幅に向上し、何とか窮地を脱しました。

その後の自民党政権による経済の好況の波に乗り、今では、中堅建設機械商社として地域1番店に成長しています。

Y社の成功のポイントは、展示会を自主開催したことと商談の場にしたこと、しくみで本物の見込み客を集客したことがあげられます。

展示会をうまく使うことにより、ショールームと同じ効果を出せることを証明した実例といえます。

3、ショールームのビジネス的価値

ビジネスにおいて、ショールームがどのような価値を持っているのかについて考えてみましょう。

ショールームのデメリットのところで少し述べましたが、まずは資産価値です。

資産価値

ショールームというものはお金をかけて作ります。その金額が多いか少ないかは別として、設備投資を行った結果、資産計上します。「お金」が姿かたちを変えて「ショールーム」という（固定）資産になったわけです。

この資産は、回転させる、要は、活用しなければ価値は出ません。持っているだけでは何の価値もないのです。価値がないのであれば、その評価額を減じなければなりません。

もしそうしなければ、粉飾決算ということになります。まあ、現実的には、中小企業で固定資産の減損処理をしなかったといって文句を言う人は誰もいませんが。

それでは、この資産を活用することによってどんな価値が出ると思いますか？

そうです、売上と利益です。

ショールームに顧客を誘引して自社製品を購買してもらう、サービスを契約してもらうということです。

確かに、ショールームを使うことにより購買率や契約率も上がりますし、単価の向上も期待できます。製品の良さ、魅力を実物で伝えられるからです。

飛び込み営業にしろ、ルート営業にしろ、どんな営業方法であったとしてもパンフレットやカタログ、提案書だけでは顧客に伝わりません。

ショールームがあるだけで儲かるようになるわけではありませんが、活用できれば鬼に金棒、絶対に儲かるようになります。

「よーし、そんなに儲かるものなら、大きくて立派なショールームを作って、もっと儲けてやるぞ」

このように思った方、いませんか。こういう方が失敗します。実は、売上や利益よりも、もっと大切な価値があります。ちょっと考えてみてください。

それは、キャッシュフローの価値です。キャッシュフローとは、お金の流れ、端的にいえばお金のことです。

お金がショールームという資産に変わったわけですから、その資産を活用することにより売上が上がり、利益として残ることになります。その利益はやがてキャッシュ、つまり、お金になって返ってきます。

この時、払ったお金より、入ってくるお金のほうが多ければ多いほど資産価値は高いといえます。

ところが、この売上・利益をキャッシュに変換するには作業が必要で、ここに若干、知恵と手間がかかります。

お金を払ってショールームを作る（キャッシュアウト・資産計上）
↓
ショールームを活用して売上・利益を上げる（収益計上）
↓
売上・利益をお金に変換する（キャッシュイン）

お金を支払って、ショールームを作ること自体は難しくありません。しかし、皆さんは、ここに一生懸命になります。しかも間違った考え方で。

ショールームを活用して売上・利益を上げるには、しくみが必要です。しかし、皆さんは、ショールームがあれば顧客は来館してくれて、売り上げが上がるものだと勘違いします。売上・利益をキャッシュに変換するには、会計的な知恵と手間がかかります。しかし、皆さんは、売上・利益が上がったことに喜んで、ほとんど何もしません。

いかがですか？ショールームを活用することの価値を、会計的な理論からご説明しました。

この一連の流れの中には、落とし穴や注意すべき点がいくつかあります。しかし、この流れをスムースに回転させれば、ショールームはまさに「打出の小槌」。お金を生みだすデバイスとなることは間違いありません。

情報収集の価値

次に、情報についての価値です。

ショールームを使って情報を収集することができます。顧客が何を考え、何を求めているのかを知りたい。そのためには顧客をたくさん集めて、アンケートを取って、接客中に聞き出して、・・・。そう考えるのは当然です。

なぜなら、こちらが欲しい情報を相手が持っていて、その相手がこちらのショールームにきて、置いて行ってくれるからです。

もちろん、こちらが黙っていては、相手は情報をくれません。上手に聞き出せますか？

当社は、ショールーム営業を標榜していますので、最新のショールーム情報を仕入れに行くことがあります。

何か珍しい製品はないか、当社のコンサルティングに役立つ情報はないか、クライアントに提供すべき情報は何か。そんなものを探しに、いろいろな業種・業界のショールームに行きます。

例えば、水回り製品のショールームに行ったとします。入口の自動ドアの扉が開いたとたん「待ってました！」とばかりにショールームスタッフが歩み寄ってきます。

そんな時、必ず聞かれることがあります。

なんだと思いますか？

「いらっしゃいませ。今日はどのような製品をご覧になりたいですか？」。そして「恐れ入ります。アンケートにご協力願います」。

そう言って、クリップボードに挟んだアンケート用紙を渡され、住所、氏名、年齢、電話番号、メールアドレス、何に興味があるかなどを書く羽目になります。

これくらいならまだ優しい（？）ほうで、住宅展示場へ行ってみてください。平日の昼間が一番いいでしょう。相手も暇です。猛烈にアタックしてきます。「絶対逃がさないぞ」という気合が感じられます。

まさか気合負けして「家一軒買います」なんてことにはならないでしょうが、気弱な方は、誰か他に一人二人連れて行ったほうがいいでしょう。

しばらく館内をめぐっていると、ちょっとした疑問がわいてきます。価格、機能性、耐久性、デザインなどです。するとタイミングよく「何かお手伝いできることはありますか」と言ってアドバイザーが近づいてきます。

そこで「この製品の特長は何ですか？」などと質問しようものなら、ここぞとばかりに食いついてきます。これで10分はその説明を聞くことになります。

そして少しずつ少しずつ、自分の心の中のコアな情報を、相手に惜しげもなく提供することになるのです。

いかがですか。皆さんは、このような接客を受けたとして気分よく見学できますか？素直にアンケートに個人情報を記入できますか？

普通なら「あ〜、もいい、もういい」と言って逃げるように退館されてしまいます。そして、アンケートも書いたか書かないか程度の情報しか得られません。

それではどうしたら、本当にほしい情報を手に入れられるでしょうか。来館者に気持ちよく見学してもらい、しかも、個人情報を提供してもらいやすくする方法を考えなければなりません。

「来館を完全予約制にする」「来館者が必要だと感じた時だけアドバイザーを呼び出してもらう」。これらはよくある方法です。

他にも、ある中小企業が開発した、リアルとバーチャルでショールームを運営するというしくみがあります。

来館当初の基本的な製品説明は、バーチャルのコンシェルジュが画像と音声で行い、必要に応じてリアルのアドバイザーが登場します。また、オンラインでもコンシェルジュによるショールームの案内や製品説明ができるシステムです。

このシステムには、コストを抑えながら来館者の満足を得られ、非接触で、いつでもショールーム見学ができるというメリットがあります。

いずれにしても、本物の情報を集めるには「いかに本物の見込み客を集客するか」ということにつきます。

これは、ショールーム運営や展示会開催において、最も重要な課題です。

大切なことなので繰り返します。**本物の見込み客は、本物の情報を大量に持っていて、その情報しか利用価値がない**ということです。

もう、人を集めるだけのショールーム、展示会の時代は終わったのです。人を集めれば売り上げは上がる、何とかなるという幻想は捨ててください。

実は、この部分も非常に重要な点を含んでいます。これまでと異なる、ショールームや展示会の集客方法について、第3章でもう一度詳しくご説明します。

情報発信の価値

情報を収集すると同時に、情報は発信しなければなりません。なぜなら、いくらいいモノを作っても皆が知らなければ売れないからです。

当たり前なことを申し上げていますか？

実は、この当たり前なことができていないのが現状です。その典型が「うちは○○会社の下請けだから、言われた通りの部品を作っていればいい」というもの。

そのような経営者の方に「あなたの会社は10年後どうなっていますか？」とお聞きすると「そりゃあ分からないよ。多分生きていると思うけど」などという、異口同音の答えが返ってきます。

これは、大変無責任な答えです。将来のビジョンを描けない人に、会社を経営する資格はありません。社員はもとより、ステークホルダーに支えられて事業を行っているにもかかわらず、10年後の未来も描けないなんて経営者とはいえません。怒りを通り越してあきれてしまいます。

また、こういった経営者の方は、最終的な顧客がどこにいて、自社の製品はどのように組み立てられ、どのように使われるのか全く知らないというケースがほとんどです。

そのくせ、自社では直接消費者に販売するノウハウがないにもかかわらず、受注先企業の悪口を吹きまくって憂さを晴らします。

何も下請けがいけないとか、儲からないとか申し上げているのではありません。下請けであっても立派にビジネスをしている経営者の方は大勢います。

仮に、最終消費者と直接接点のない業態であっても、自社製品が世の中にどのように貢献しているかくらい知っていなければなりません。ましてや、一般消費者と接点がある業態の企業であればなおさらです。

消費者は、価格決定権、購入選択権においては最強です。逆らうことはできません。その消費者に直接訴えかけることができるのがショールームです。

B2Bビジネスであったとしても、最終消費者を意識した製品開発を行うべきです。そしてチャンスがあれば、その自社製品をブランド化して、ショールームで消費者に情報発信するべきです。

価格決定権は消費者にありますが、せめて価格の提案権は持っていたいものです。

ショールームを使って、とてもうまく情報発信している例をご紹介しましょう。

その会社は、中部地方の、ある焼き物の産地にあります。

焼き物といえば、40年ほど前まで輸出産業の花形で、それまでは作れば売れるという時代でした。

円安に支えられて輸出が絶好調。しかも、国内は高度成長期で生産が追い付かないほどです。窯開きの日には、窯元の店先に問屋のトラックが列をなして並んでいたといいます。しかし、そんな好景気の時代はやがて終焉を迎えます。円高と中国の台頭で輸出は激減。窯元はバタバタと倒れ、地域経済は疲弊していきます。


なぜそうなってしまったのか？

答えは「作ることに一生懸命で、売ることを他人に任せていたから」です。

そのような、産業の衰退した地方都市で唯一、陶磁器製食器製造販売会社として元気いっぱいなのが、これからご紹介するＭ社です。

Ｍ社は、以前は生産設備を持つ製造会社でした。しかし今は、生産設備を持たないファブレスメーカーです。協力会社に依頼して、自社ブランドの食器を作ってもらっています。自社で食器をデザインし、トータルコーディネートを提案するというスタイルで業績を伸ばしてきました。企画、販売に特化しているわけです。

当然、ショールームを持っています。ショールームでは、最近の住宅事情に合わせた食器の提案を行い、若いファミリー層に絶大な人気を誇ります。

そのショールームですが、ガラスを挟んで向こう側は事務所になっています。仕切りはガラスなので、来館者からは事務所が丸見えです。自分たちがどのように働いて、どのような製品を提案しているのかがよく分かるようになっています。

これらが非常に消費者に受けて、来館者が絶えません。もちろん、丁寧な製品説明、使い勝手やコーディネートの仕方などのアドバイスがあってのことです。

製品をつぶさに見てみると「凄い」ものはありません。特殊な技法で作られているとか、高価な材料で作られているとか、誰もまねできない一品ものとかではありません。

しかし、M社の企画した製品は見事にブランド化され「こんな器で食事をしてみたい」と思わせるような仕掛けが随所に見受けられます。

M社のビジネスの特徴は、一般消費者が買える価格で「ちょっといいな」と思える空間を、ショールームを使って情報発信と提案をしていることです。そして、その経営自体を「ショールーム化」していることです。

なお「経営のショールーム化」については、「事務所を外から見えるようにする」などといった単純な概念ではありません。

これについては、このあと第6章で少し詳しくご説明します。

製品の商品化への価値

最後に、製品の商品への変換装置としての価値です。

いいモノを作っても売れない時代です。「こんなにいいモノを作ったのに、何で売れないんだろう」と、技術力が高い会社の経営者ほどこのような思いが強いものです。

しかし、それには理由があって「作った製品を商品にできていないから」です。

「は?どういうこと?」と思われた方も多いでしょう。ご説明します。

「製品」というのは「作り手の理屈」です。一方「商品」というのは「使い手の視点」です。

通常、この製品と商品の間に微妙にずれが生じます。

「そんなことはない。うちは消費者心理やトレンドを十分研究して製品開発している!」

とおっしゃる経営者の方がいます。

「それではなぜその製品が売れないのですか?」とお聞きすると、「それは・・・、消費者がうちの製品の良さを分かってくれていないからだ」などと、意味不明な答えが返ってきます。

「だから、そこにずれが生じているのですよ!」と言いたいのですが、あまり突っ込んでも失礼になるので、ショールームの価値についてやんわりお話しするようにしています。

話を元に戻します。

通常は、製品と商品の間にずれが生じていますから、このずれを修正する作業が必要となります。

例えば、顧客が来館する前に持っていたイメージと、実際に自分の目で見て、説明を受けた時のイメージがずいぶん違うことがあります。

そんな時に、良くないイメージを良いイメージに変える、良いイメージをさらに良いイメージにしていく、そんな作業です。ショールームというのは、この「ずれを修正する場所」と言えます。

ショールームは、作り手と使い手の間に存在するずれを修正する場所であり、それにより製品から商品へ変換することが可能になると申し上げました。

それでは、その製品開発というのはどんな情報に基づいて行いますか?少し前に戻って考えてみてください。

そうです。ショールームにおいて収集した、取引先の情報や消費者の情報をもとに開発します。

そして、その製品をどのように商品に変換しますか?

そうです。ショールームで情報発信をして変換します。

以上のことを考えてみますと、ショールームという場所は、情報の集散によって、開発した製品を商品に変換する―「商品化のキーデバイス」の価値があると言えます。

以上、第1章では、ショールームについてその概念的な説明をしました。ご理解いただけましたでしょうか。

それでは次の第２章で、儲かるショールームの作り方をご紹介しましょう。

第2章

業種・業態別
ショールームの作り方

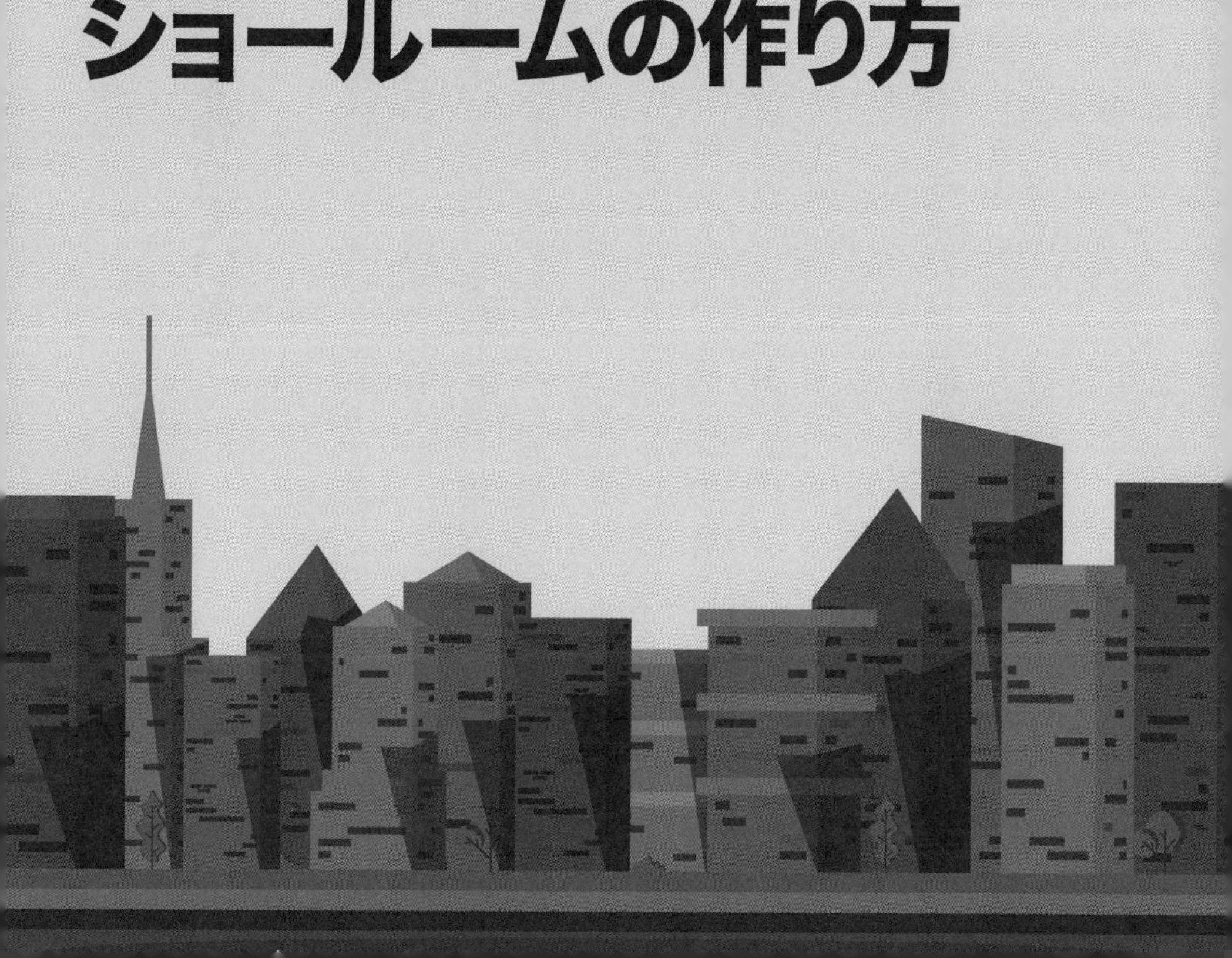

1、みんな間違えてショールームを作っている

なぜ間違えるのか

第1章で、一般的なショールームのイメージを変えてくださいと申し上げました。なぜなら、このイメージ通りに作ってしまうとほぼ間違いなく失敗するからです。

加えて、憧れや妄想で作らないようにとも申し上げました。失敗した後、現実に引き戻され大きなショックを受けるからです。そうはいっても、後からあとから間違ったショールームができてきてしまいます。

当社は、そのような「もったいないショールーム」をこの世からなくしたいという強い信念のもとコンサルティングを行っているのですが、何分、当社一社ではとても追いつきません。この本を読んだ読者である中小企業の経営者の方は、ぜひ参考にしていただきたいと思います。

ところで、なぜ間違えるのかについては、これまでに理論的にご説明をしてきました。

そこで、実際に間違えて失敗したケースをご紹介します。実例を示したほうがより分かりやすいからです。

ある朝、事務所で仕事をしていると電話が鳴りました。朝早くから誰だ？などといぶかしげに思って携帯電話の画面を見ると、以前、お世話になった会社、K社の社長です。

「細井先生、お久しぶり、元気？」

相変わらず陽気で元気いっぱいの社長です。

「元気ですよ、社長もお元気そうで何よりです」

そんな型通りのあいさつをしばらくして、

「そうそう、実は、うちでもショールームを作ったんだよ」「ちょっと見に来てくれない？」

「オープンは○月×× 日なんだけど」

コンサルティングではご縁がなかったのですが、それ以外でずいぶんお世話になった社長です。

「わかりました、○月×× 日ですね。ぜひお伺いします」

このK社は、公共工事、民間工事を請け負う建設・土木会社です。技術力が高く、安心・安全工事を信条に、その地域で業績を伸ばしてきました。

お世話になった社長ですから、行かないわけにはいきません。それにショールームを新築したと聞けば興味津々です。

ところが、電話を切ってから少し間をおいて「ん？」。なんともいえない嫌な記憶がよみがえってきました。

というのも、これ以前に、立派なショールームを作って大失敗した建設会社があったからです。


大失敗したこの建設会社は、郊外の小高い丘陵地に広い土地を持っており、その土地を有効活用しようという意図でショールームを作りました。顧客にショールームで製品を見てもらい、工事付きで受注しようというわけです。

建設会社ですので、建材や水回り製品、照明などが展示物です。

広く明るい館内に、いろいろなメーカーの製品が並んでいます。駐車場も広く、郊外のスーパーマーケット並みです。

当時「こんな凄いショールームを作るなんて大したものだ」「さすが○○会社さんだ」などと言われており、ちょっとした羨望のまなざしで見られていました。

オープン当日は大変な人出です。招待客や取引先、仕入れ先などでごった返しています。社長も社員も対応に大わらわ。順調な船出になるだろうと思われました。

懸念材料は、あまりにも立派なショールームであるため、莫大な固定費がかかってしまうことです。この固定費を賄うためには、相当な売り上げを上げなければなりません。

固定費の比率が大きいということは、損益分岐点比率が高く、売上が少しでも落ち込むと赤字になってしまうということです。

もちろん、そのような会社内部の具体的な情報は分かりませんが、ショールームの外観やそこで働く人の数からすれば、それくらいのことは容易に推測できます。

３か月が経ち、半年が経ち、1年が過ぎるころから様子がおかしくなり始めました。なんとなくショールームに活気がないのです。

土日休日に、定期的にイベントを開催するものの、平日は静まり返っています。駐車場には、社員のものと思われる車しかありません。

その後、いろいろ手を尽くして、イベントをやったりキャンペーンをやったりしていましたが、どれも決定打とならなかったようで、とうとう3年後にショールームは閉鎖ということになりました。

「地方の中小建設会社が、こんな立派なショールームを作っていいのかな?」と、はたから見ていてそう思ったのですが、「やっぱり・・・」という結果に終わりました。

ボタンの掛け違いはここから始まる

K社社長からの電話を切ったあと、このような記憶がよみがえってきて、なんとなく「大丈夫かな」という不安に駆られました。

ショールームの規模はK社のほうがずいぶん小さいけれど、建設業で業種は同じだし、ただ、本業はうまくいっているのでいいのかな、などという思いが巡ってきます。

そうこうするうちに2週間が経ち、その日がやってきました。

春の桜が散って、そろそろ新緑の時期という頃にオープンです。K社のショールームは、さびれた地方都市の郊外にあります。とてもおめでたい日なので、手にはお祝いのお酒を二本ぶら下げてお邪魔しました。

姿を見るなりK社の社長は「あ〜、細井先生、お待ちしていました」といって、館内に招いてくれました。

周りは、やはりオープン当日ということもあって、仕入れ先や取引先でいっぱいです。企業規模が小さいため、ショールーム自体もそれほど大きくありません。しかし、こぢんまりとして清潔感あふれる、なかなかいいショールームです。

「先生、館内をご案内します」そう言って狭い通路を、体を斜めにしてほかの来館者とすれ違いしながら製品説明をしてくれます。展示品は、建設業ですからやはり、建材や水回り製品が中心です。キッチン、システムバス、洗面化粧台、給湯器などなど。

「先生、このシステムキッチンいいでしょう。ドイツ製で、定価だと５００万円もします。最高級品ですよ」

「へ〜、すごいキッチンですね。高級車が買えちゃいますね」

「先生、これ見てください。最高級品のシステムバスです。こっちは３００万円です。最新機能付きですよ」

「いや〜、素晴らしいですね。こんなお風呂に入れたら、さぞ気持ちいいでしょうね」

「先生、今度は洗面化粧台です。これは中級品ですけど、洗面ボウルがホーローでできていて、固いものを落としても割れないです」

「なるほど、特徴があるんですね」

「こっちを見てください。これは給湯器です。普及品ですけど、基本機能はついているし、お値打ちです」

「はあ、そうですか」

「これは水栓ですね。口がくるくる回ってなんにでも使えますし、ほら、ホースを突っ込んだら庭に水を撒けますよ」

「ふ〜ん」

「先生、これどうでしょう。これね、女房がどうしても置きたいって言うものだから、展示してあります。もちろん即売しますよ」「ほら、向かいに保育園があるでしょ。そこに通う保育園児のヤングママ用にアクセサリーです」

「えっ、・・・？」

「最後はこれ、いい匂いでしょ。ポプリです」

「（いい加減にしろ！）」


一生懸命、丁寧に案内してもらいましたが、残念な気分でいっぱいです。帰り際「社長、いいモノを見せていただきました。これからショールームがにぎわうといいですね」そう励ましてタクシーに乗り込みました。

タクシーから乗り換えた電車の中でも「なんであんなショールームを作ったんだろう？」「何年もつかな？」「また一つ、もったいないショールームができるな」と考えながら帰り路を急ぎました。


この後、この会社のショールームにお邪魔する機会はなかったため「どうしてるだろう」と思いつつも2年が経過。ようやくあちら方面に所用ができて「ちょっと寄ってみよう」

ということで、様子を見に行くことにしました。場所は、保育園の真向かいですのですぐ分かります。

「あ〜、ここだ」と思いながらタクシーを降りると、ショールームはありますが中は真っ暗で人気がありません。

ただ、張り紙が1枚ドアに貼ってあります。「短い間でしたがお世話になりました」という内容。

「あれ〜、やっぱりダメだった?!」と思いながら、仕方なく再度タクシーに乗り込みショールームを後にしました。

タクシーの運転手さんに聞くと「確かに最近まで店は開いていた。ただ、この辺りを通行していても、お客さんの姿を見ることはほとんどなかった」と言います。

その日は「また嫌なものを見てしまった」という残念な、複雑な思いで過ごしたことを覚えています。

ショールームは安易に作らないほうがいい

Ｋ社の失敗の原因はどこにあると思いますか？重要なところですので、ちょっとご自分で考えてみてください。


「展示品にお金をかけすぎてしまった」

「顧客層を絞り込めていなかった」

「水回りのショールームといいながら、アクセサリーなど関連のないものを展示した」

「狭いショールームに展示品を詰め込んだ」

「立地条件が悪かった」


どれも正解、間違ってはいません。他にありますか？

実は**「ショールームを作ったこと自体が間違いだった」**ということです。

「そんな馬鹿な、ショールーム営業コンサルタントだろ。何を言っているのだ！」と言われそうですが、これは紛れもなく本当のことです。

残念ですが「中小企業がショールームを作っても成功しない」というのが定説です。これは第1章でも少しご説明しました。しかも、その通りになってしまいました。

それではなぜ、中小企業はショールームを作っても成功しないのでしょうか。その理由は「戦略を支える組織、しくみがない」からです。

別な言い方をすると「ショールームを回す組織、しくみがない」ということです。そして「ショールームが自社に最適な形態になっていない」からです。

「なんだかよく分からんことを言っているな」と思われたでしょう。これから一つずつご説明します。

まず「戦略を支える組織、しくみがない」「ショールームを回す組織、しくみがない」についてです。

「組織は戦略に従う」といいます。

これは「組織は、それぞれの企業の状況と戦略に従って決めるべきものである」というものです。

したがって、営業戦略がしっかりできていることが、売上・利益を大幅に増大させるための組織を作る必要条件なわけです。

言い替えれば、戦略がしっかりできていなければ、組織もしっかりしたものができないということです。

「ショールームを活用して、売上・利益を大幅に増大させる」のが営業戦略ですので、そのための組織を作らなければなりません。

どうしたら作れるのか？

ショールームを中心とした営業活動を行い、そこで働くすべての人――営業スタッフはもちろん、社長も部長も事務員も――が意識をショールームにもっていくということです。

以前、「選択と集中」という言葉が盛んに言われた時代がありました。ゼネラル・エレクトリック社のジャック・ウエルチ氏が、この選択と集中の概念を使って企業規模と収益を爆発的に拡大させたことは有名です。

何も、ジャック・ウエルチ氏と同じことをやろうと言っているわけではありません。

M＆Aやリストラ、ダウンサイジングということではなく、中小企業として、営業戦略を「ショールームを活用する」と決めたのなら、全員がそれに集中して取り組もうということです。

次に「ショールームが、自社に最適な形態になっていない」です。これをこのように言い替えます。

「自社に最適な形態のショールームを作る」

どういうことかといいますと、業種・業態が違えば、見せ方、すなわちショールームの在り方も形も違ってくるということです。

しかし、固定観念でショールームを作ると「ハコ（建物）」の中に「モノ（製品）」を詰め込むことになります。製造業も、卸売業も、建設業も、ありとあらゆる業種・業態の会社がこのようなショールームを作ります。ここが間違いのもとになります。

ご紹介したK社は建設業ですが、本当に「ハコ」「モノ」のショールームが必要だったのでしょうか。メーカーのショールームを借りて、イベントを開催したほうがよかったのではないかということです。

しかも、組織もしくみも脆弱な中小企業です。ショールームを回すことはかなり難しいはずです。それを、憧れや妄想で作ってしまうと、こうなるという見本のようなものです。「憧れ」や「妄想」は、水回り製品と関連のない、アクセサリーやポプリを展示即売した点に表れています。

これは推測でしかありませんが、アクセサリーやポプリの展示は、女性が女性目線で展示物を決め、そして顧客も女性を想定していると言えます。

決して、女性が決めてはいけないとか、女性の顧客を想定してはいけないとか言っているわけではありません。誤解しないでください。

しかし、本来の商売と関連のないものを展示即売するというのは、どう考えても邪道です。それを理解できていないというのなら「憧れ」や「妄想」と言われても仕方ないでしょう。

これが「ショールームを作ったこと自体が間違いだった」ということの真意です。

２、間違えて作らないためのチェックポイント

一点絞りの活用

「ショールームを作ること自体が間違いだった」そう言われてしまっては身も蓋もありません。「作ってしまったものはどうしたらいいの？」ということになります。

このＫ社の場合の改善方法を考えてみましょう。もちろん、作ってしまったショールームを生かす方法です。

思い出して下さい。失敗した原因は何でしたか？

「展示品にお金をかけすぎてしまった」

「顧客層を絞り込めていなかった」

「水回りのショールームといいながら、アクセサリーなど関連のないものを展示した」

「狭いショールームに展示品を詰め込んだ」

「立地条件が悪かった」

ということでしたね。

実は、たった一つの考え方だけで、これらすべてを改善する方法があります。何だと思

いますか？それは「一点絞り」という考え方です。新聞社、出版関係の方はご存じだと思います。

これは、新聞記事を書く時のテクニックで、例えば、記事を書くのに必要な要素が五つあるとします。限られたスペースの中で、その五つすべてを書いてしまうと記事が散漫になり、読み手は何が言いたいのかよく分からなくなります。

そうではなくて、その五つの要素の中から自分のもっとも言いたいこと、必要だと思うことを一つだけ丁寧に書くわけです。そうするとほかの四つは、枝葉のようにスーッとまとまるというものです。これで読者は記事の内容がよく分かるということです。

今回この考え方を使います。どう使うか。

まず、自分の最も気に入った、あるいは商売上、最も必要なメーカーを選んでください。K社の場合は水回りのメーカーでしたね。たくさんある中から、一つだけ選んでください。

次に、そのメーカーの製品の中で、最も販売したい製品を一つだけ選んでください。自分が気に入っているとか、利益率が高いとか、売りやすいとかで結構です。

そして、その製品だけ展示してみてください。グレードの差や色の違いがあったとしても、その中から一つだけ選びます。

いかがですか？狭いショールームが広々としていますね。何しろ一つしか展示していないのですから。

そうしたら、そのたった一つの製品を徹底的に研究してください。この製品のどこが素晴らしいのか、顧客にとってどんなメリットがあるのか、使う価値がどこにあるのか、などです。実際、自分で使ってみるのも手です。

その結果、その製品が本当に自分の顧客に勧められるものであると納得できれば、その製品は、ショールームで商品に変換することが可能です。逆に、自分が納得できなければ、商品に変換することは不可能です。

そうやって、展示するための一つのメーカー、一つの製品を選んだら、その次に販売したい製品を一つだけ選んでください。一つ目のメーカーと同じです。メーカーを変えてはダメです。

そして一つ目と同じことをしてください。その結果、二つ目の展示物が決まります。同じことを三つ目、四つ目と行ってください。

いくつまで行うのかは、ショールームのスペースや予算と相談です。水回り製品であれば、大きく分けて、キッチン、バス、洗面化粧台、トイレ、以上の４部位ですので、４点あれば水回りの主な展示品がそろうということになります。

スペースや予算に余裕がなければ、4部位そろえる必要は全くありません。優先順位の高いものから選べば結構です。

これで各部位の「幹」が決まりました。この「幹」を中心に、あとは「枝葉」を決めるだけです。ここでも、余裕があれば、の話です。

ここで改めて念を押しておきますが、この方法は、中小企業で「ハコ」「モノ」のショールームの形態が必要な場合、もしくは「間違ったショールーム」を作ってしまった場合の救済策であるとお考え下さい。

一点絞りの考え方でなぜ改善できるのか

一点絞りで、Ｋ社の失敗の原因をすべて改善できると申し上げました。改善方法をご説明しましょう。

まず「展示品にお金をかけすぎてしまった」ですが、展示する製品を1部位1点に絞っていけば、お金をかけすぎることはありません。金額ではなく、本当に自分が売りたいもの、顧客にとって価値のあるもので絞ればいいわけです。

高級品のほうがいいとか、グレードの高い製品を展示しないとショールームが貧相に見えるとか、そういったことは全く意味がありません。

次に「顧客層を絞り込めていなかった」です。ここも、商売として成立するもの、販売しやすいものを絞りこみ、ショールーム周辺地域の特性や、年齢層と組み合わせればおのずと顧客層は決まっていきます。幅広い顧客層に対応しようとすること自体間違っています。

三つ目に「水回りのショールームといいながら、アクセサリーなど関連のないものを展示した」です。

自分が本当に気に入ったもの、商売として成立するものを1点だけ選ぶとなれば、アクセサリーやポプリは除外となります。

趣味程度の知識や経験で、雑貨屋さんを開いてお小遣いを稼ぐなどというお遊び感覚では、ショールームで成功したいなどと考えないほうが身のためです。

四つ目に「狭いショールームに展示品を詰め込んだ」は、一点絞りですから、そんなに詰め込めるほど製品はないはずです。4部位そろえるにしても4点しかありません。

1部位1点あれば製品説明はできますし、その他のグレードの製品はカタログで済ませられます。どんなに立派で大きく広いショールームであっても、どのみちすべての製品は展示できないのです。

最後に「立地条件が悪かった」ですが、保育園の真向かいという立地であれば、ヤングママに受け入れられるような製品グレードやデザインのものに絞れば、こんないい立地はありません。ヤングママには到底購入不可能なグレードの製品、中途半端な品ぞろえのアクセサリーやポプリを展示しても購入する動機にはなりません。

以上は、少し考えれば答えが出せそうです。

しかし、ここからは住宅業界に関連した裏の事情をからめてお話しします。

例えば、皆さんが家を建てるとか、水回りのリフォームを考えているとします。建設関係、住宅関係、設備関係以外の皆さん— ここでいう一般の人— は、これらの製品の情報をそれほど多く持っていません。

もちろん、大きなお金をかけて家を作る、リフォームするわけですから、それなりに勉強し知識を蓄えてショールームに行くはずです。しかし、プロに対抗できるほどの知識や情報は持っていません。

そんな中、一般の人はどうやって製品を決めると思いますか？

実は、プロの意見に従う人がほとんどです。具体的にいえば、ハウスメーカー、工務店、リフォーム店などの専門業者の意見を聞き、ほぼそれに沿って決めていきます。

要するに、一般の人は専門業者の意見にかなり左右されるということです。製品に特別なこだわりや特別な感情を持たない人たちは、専門家がアドバイスしたことを素直に受け入れ、それがベストだと思い込んでしまいます。

水回り製品は施工を伴いますので、どうしても施工業者である専門家が介入します。専門家は専門家独自の事情を抱えていますので、顧客にとって本当に価値ある製品を勧めるとは限りません。専門家自身にとって都合のいい製品を勧めます。

水回り製品のメーカーが各地にたくさんショールームを作る理由は、これら専門家の都合で製品を決められるのを嫌っているからです。

もちろん、見たり、聞いたり、触ったりして良さを体感してもらうという、ありきたりの使い方はあるにせよ、実は、このような「裏の事情」というものが存在します。

しかし、これを逆手にとって、専門家が顧客に本当に価値ある製品を提案できれば、顧客からの信頼感は絶大なものとなります。ショールームにあれやこれや並んでいないほうが本物らしく見えます。先ほどのK社も同様です。

皆さん、よく考えてください。専門家が「あちらの製品もいいですよ」「こちらもこんなに素晴らしいですよ」「この製品はどうですか。あなたにピッタリですよ」などと、あらゆる製品を勧めてきたら、顧客は「この人、本当に専門家？ただ売りたいだけなんじゃない」と疑問に思うでしょう。


ここが「一点絞り」でショールームを活用することの意義なのです。

ショールームを活用できない８つの要因

色々申し上げてきましたが、問題は「ショールームを活用できていないこと」です。活用できればもっと売り上げも上がるし、利益も稼げるはずだと思っている経営者の多いこと多いこと。

「だから苦労している」と言われそうです。

そして、その問題の原因は「ショールームが自社に最適な形態になっていない」ことと「組織やしくみがない」ことです。

ここまでは、これまでの説明で、読者の皆さんは理解されているものと思われます。

それでは次に、問題の要因を考えてみましょう。ショールームを活用できなくなってしまった要素です。

８つありますので、皆さん、自社は各項目に当てはまるかどうかチェックしながら読んでください。それでは参ります。

１、ショールームを回せず、固定費が重い
２、製品を説明できる人材がいない
３、ショールームがあるためにスペース効率が悪い

4、ショールームコンセプトがない
5、顧客をショールームに誘引する営業力、しくみがない
6、イベントは飲食・景品頼みの集客をしている
7、ショールームはあるが、売り上げに貢献しているか分からない
8、よく考えずに作った

一つずつご説明します。

1、ショールームを回せず、固定費が重い
「卵が先か鶏が先か」の議論になってしまいますが、ショールームを活用できないため、その分の売り上げが上がらず、アドバイザーの人件費やショールームの維持費などの固定費が過大になり、少しでも固定費を削減しようとしてますます回せなくなります。

2、製品を説明できる人材がいない
人件費という固定費が過大になっているため、少しでも減らそうとして、アドバイザーを専任ではなく、ほかの仕事と兼任にしてしまいます。すると、顧客と感動を共有するような満足のいく説明ができず、せっかく来館した顧客は何の収穫もなくショールームを後

にすることになります。もう二度と来館しません。

3、ショールームがあるためにスペース効率が悪い

「使われないショールームなら、ちょっと一時的にモノを置かせてもらおう。そのほうがスペースの有効利用ができて好都合だ」

これは、大手メーカーの子会社のショールームで実際にあったことです。誰でも知っている超大手メーカーの子会社です。これが現実かと愕然とする光景です。

4、ショールームコンセプトがない

言い替えれば、顧客に何の価値も提供できていないということになります。価値の提供ができなければ存在する理由はありません。そのようなショールームは即刻閉鎖してください。

5、顧客をショールームに誘引する営業力、しくみがない

「お願いします！」としか言わない（言えない）営業社員、あなたの会社にはいませんか？こういう営業社員のためにショールームがあるのですが、それにしても「お願いしま

す」としか言えなければそれ以前の問題です。

ショールーム営業は、顧客にお願いをする営業ではなく、顧客の「願いを叶える」しくみづくりをする営業です。

6、イベントは飲食・景品頼みの集客をしている
普段、ショールームに集客できないと、イベントを開催して集客しようと考えます。この時、どのみち集客力がないため、イベントであっても顧客は来てくれません。そこで、飲食サービスや景品で集客しようと考えます。そして無駄金を使うことになります。

7、ショールームはあるが、売り上げに貢献しているか分からない
決して口に出して言いませんが、このように思っている社員は必ずいます。もしかしたら役員の中にもいるかもしれません。このように思われたら活用することはまず不可能です。思い当たる節はありませんか？

8、よく考えずに作った
「ショールームさえあれば、顧客は来館してくれて売り上げは上がるはずだ」などと考

えて作ったならまだましです。「勢いで作った」「ただなんとなく」という方もいます。「そんな馬鹿な」と思われるでしょう。しかし、これが現実です。

いかがでしたか？あなたはいくつ当てはまりましたか？

４つ以上あれば、あなたの会社は儲かっていません。言い方を変えると「持っているポテンシャルを十分に発揮できていない」。したがって「改善できれば、今よりもっと儲かる」ということが言えます。

3、ショールームの在り方と形態

儲かるショールームの作り方

これまでに、なぜ間違ったショールームを作ってしまうのか、間違えて作らないためにはどうしたらいいのかをお話してきました。

それではここで、正しいショールームの作り方をご説明しましょう。注意していただきたいのは「正しい」というのは、「自社にとって正しい」のであって「自社に最適」ということです。

結論から言ってしまえば**「業種・業態に合わせて自社に最適な形態のショールームを作る」**ということです。

文字にすればたった1行程度の文章で表すことができますが、当社が30年以上かけて習得し、3年をかけて体系化したコンテンツです。そう易々と導入できるものではありませんが、ご参考にしていただけるように分かりやすくご説明します。

まず、自社の業種・業態がどんなものか、今一度考えてください。分かりにくければ何の商売なのか、何を売っているのかと考えていただいても結構です。

業種でいえば、製造業、卸売業、小売業、サービス業、建設業、金融業、電気・ガス・

水道業、運輸業などなどです。分類の仕方によっては表現が違っていますし、その数も違いがあります。

ちなみに、ここでは分かりやすくするため、製造業、卸売業、建設業などを例にとってご説明しますが、ひとまず、自社がどの分類に近いかを考えながら読み進めてください。

次ページ以降「業種・業態別ショールームの構図」として、（1）〜（4）の図が出てきます。これらの図は、自社の業種・業態に照らした場合、自社がどのゾーンに入り、どのような形態のショールームが最適かを理解していただくために、当社が考案した図です。どのゾーンがよくて、どのゾーンがいけないといったことを表現しているものではありません。

次のページをご覧ください。４つのゾーンのマトリクスになっています。この図は、業種別、業態（取引形態）別に、自社がどのゾーンに入るかを示しています。

縦軸は、販売系なのか製造系なのか、横軸は、B２BビジネスなのかB２Cビジネスなのかで分けています。

例えば、左上のゾーンでは「販売系で、企業を主な顧客としてビジネスを行っている会社」ということになります。―建設業は販売系でも製造系でもありませんし、B２Cビ

業種・業態別ショールームの構図（１）

自社のポジショニングの方法

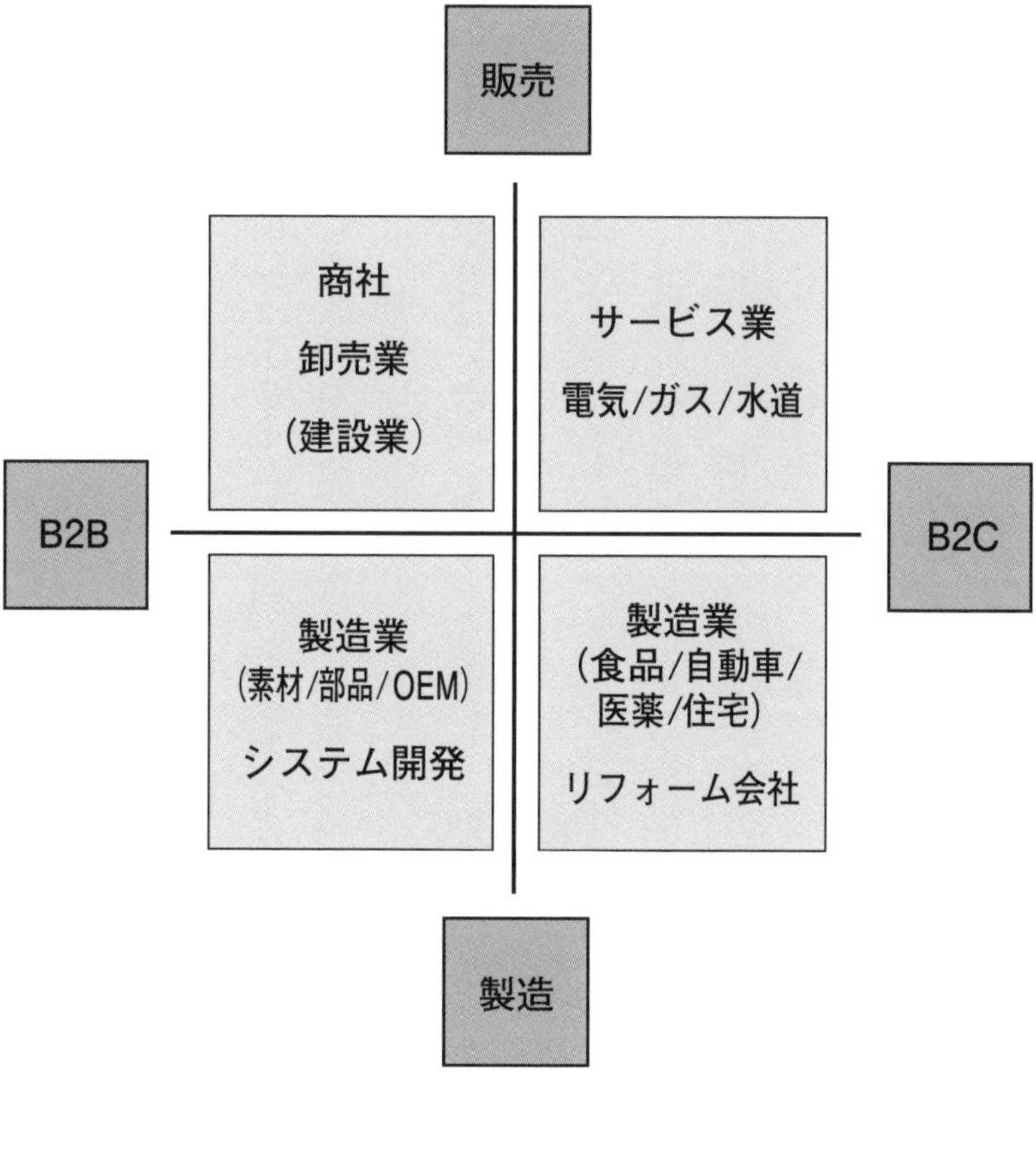

ジネスともいえますが、ここでは販売系のＢ２Ｂビジネスに入れています。
右下のゾーンは「製造系で、一般消費者を主な顧客としてビジネスを行っている会社」ということです。

ここで一つ注意が必要です。今、Ｂ２Ｂは企業を主な顧客として、Ｂ２Ｃは一般消費者を主な顧客としてビジネスを行っている会社と申し上げましたが、これは、直接取引をしている相手ではなく、どこを見てビジネスをしているかということです。

例えば、右下の製造業は、一般的には卸売や小売を通して取引しますが、製品が一般消費者の影響を受けやすいため、見ている先は消費者ということになります。

一方、左下の製造業は、受注先である、組み立てメーカーや完成品メーカーの動向を見ながらビジネスを行っているということです。

先に、Ｂ２Ｂビジネスであったとしても、最終消費者を意識した製品開発を行うべきと申し上げましたが、これについてはいったん横に置いてお考え下さい。

さて、自社のポジションがどこのゾーンに入るか決まりましたでしょうか。事業を多角化しているとか、ビジネスがそれぞれの中間に位置するなどの場合もあるでしょうが、ひとまず最も近いと思われるポジションを選んでください。

次に、業種別でショールームの「在り方」を決めます。自社にとってショールームはどのように在るべきということです。簡単に言ってしまえば、ショールームを「持つべき」なのか「持たない」かの違いです。

次のページをご覧ください。販売と製造をそれぞれ「カゴ型」と「ハコ型」に分けています。カゴ型の意味は、籠に入れて持って運ぶことができる、移動可能ということです。

一方、ハコ型の「ハコ」とは、建物を指す言葉で、コンクリートでできた箱のようなイメージです。建物ですので固定しているということです。

先ほどK社の例でご説明したように、建設業はハコ型のショールームが必要かといえば、基本的には必要ありません。

「じゃあ、ショールームを使って売上・利益を上げるにはどうすればいいの？」と聞きたくなるでしょう。建設業の場合は「自社で持たない、借りる」ということです。

K社のように自社で「持つ」のではなく、水回り製品のメーカーのショールームを、必要な時だけ「借りる」、あるいは必要な時に「展示会を開催する」ということです。

一方、製造業であれば、大企業であろうと中小企業であろうと、組み立てメーカーであろうと部品メーカーであろうと、ショールームは自社で持っているべきです。

業種・業態別ショールームの構図（２）

ショールームの在り方

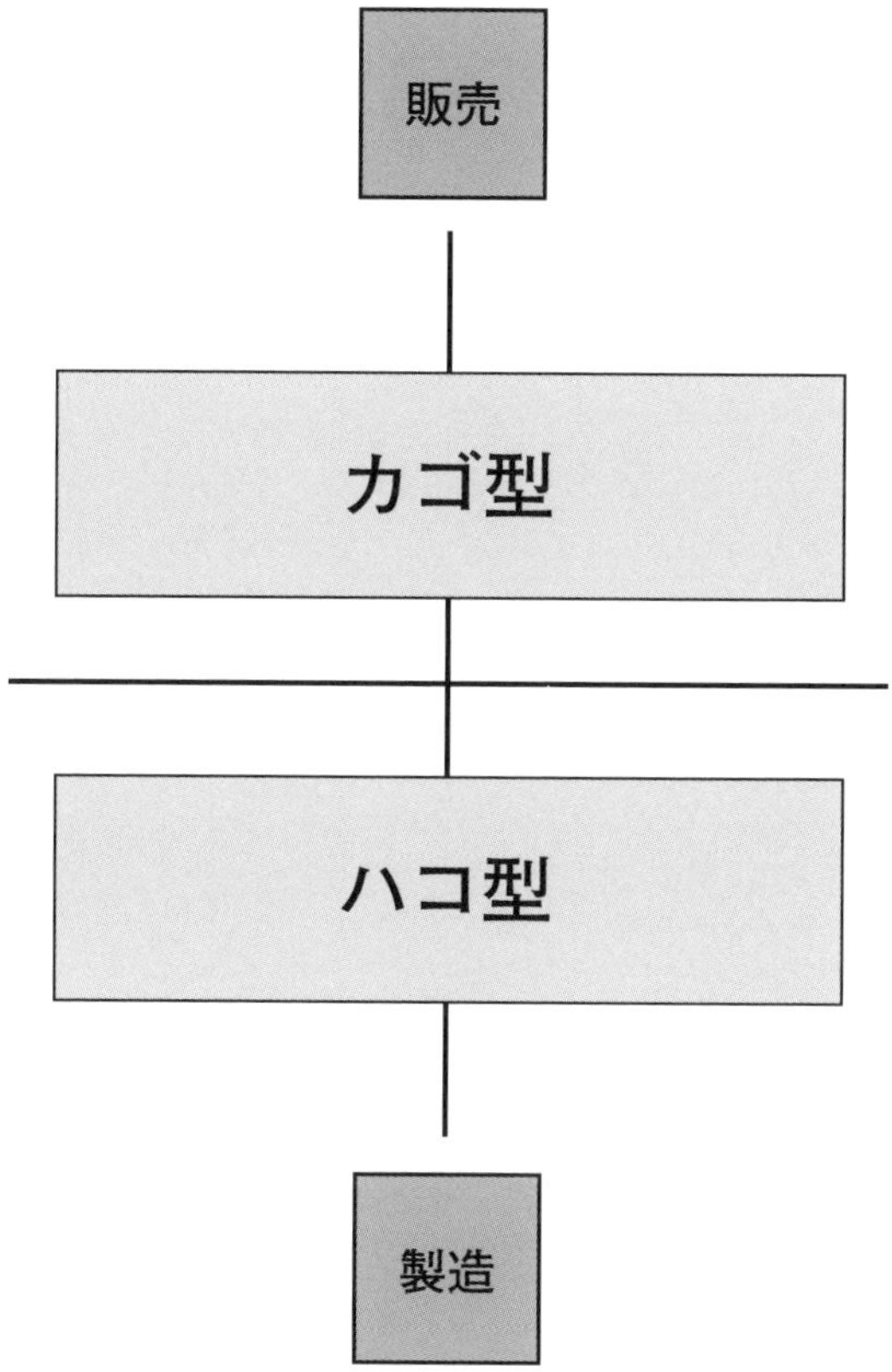

自社製品を展示し、情報の集散を行い、製品を商品に変換するのですから、自社ショールームは絶対必要です。したがってハコ型です。

このように、業種によってショールームの在り方を決めていきます。

ここまでは業種別にショールームの形を決めましたが、ここからは業態（取引形態）別に決めていきましょう。

必ず知っていなければならない業種・業態別ショールームの構図

次のページの図は、Ｂ２ＢとＢ２Ｃビジネスを「ビジネス型」と「文化型」に分けています。Ｂ２Ｂビジネスはビジネス度が強く、Ｂ２Ｃビジネスは消費文化の影響を受ける度合いが強いためこのようにしています。

ビジネス型の営業方法は、会社のオフィスや工場に出向き、顧客が何をどうしたいのか調査し、それに見合った提案をすることです。

企業は合理的に購買をします。その基準となるのが技術力、品質、納期です。したがって、ショールームもこれら取引要件を満たす必要があり、ビジネス度が強いといえます。

一方、文化型の営業方法は、最終ユーザーである、一般消費者が好みや雰囲気で買い物をするため、消費者動向を読むマーケティングが必要です。この場合の取引要件とすれば、ブランド力、知名度、消費者心理ということになります。

消費は一種の大衆「文化」であり、社会情勢、政治情勢、経済情勢の影響を大きく受けます。その文化を敏感にとらえることこそ文化型のショールームに求められる機能です。

業種・業態別ショールームの構図（3）

ショールームのビジネス度・文化度

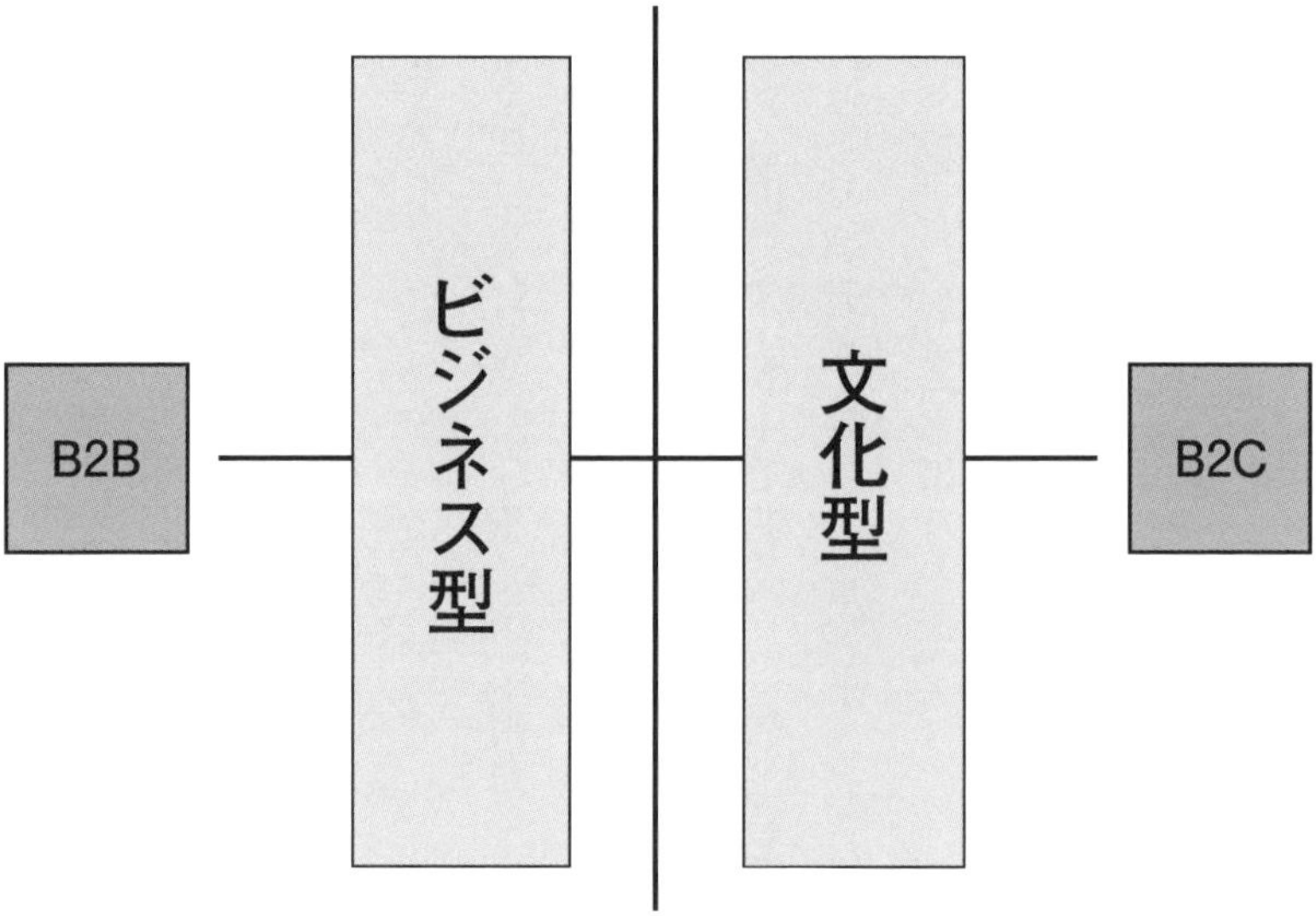

自社に最適なショールームとは

さて、これまでに「販売」「製造」を、それぞれ「カゴ型」「ハコ型」に、「Ｂ２Ｂ」「Ｂ２Ｃ」を、それぞれ「ビジネス型」「文化型」に置き換えてきました。

これを組み合わせ、４つのゾーンに代表的なショールームの形態をおいてみます。それが次のページの図です。

構図（１）で選んでいただいた自社のポジションはどこのゾーンでしたか？

例えば、右上のサービス業であれば、見込み客のいる場所に自由に移動でき、文化的なにおい付けができる「催事場型」や「イベント型」が最適といえます。

また、左下の素材メーカーであれば、取引先企業を自社ショールームに誘引し、品質の高さをＰＲする「実験型」があります。また、生産現場で働く社員の姿や生産設備を見てもらい、技術力の高さや短納期をＰＲする「工場のショールーム化」が最適といえます。

このように、理論に基づいて形態を決めていくことは、自社にとって最適なショールームを作ることになり、それにより戦略に従った組織やしくみを作ることにもなります。

また、順序だてて論理的に決めていくことは、憧れや妄想とは一線を画しており、失敗

業種・業態別ショールームの構図（4）

業種 × 業態別ショールームの形態

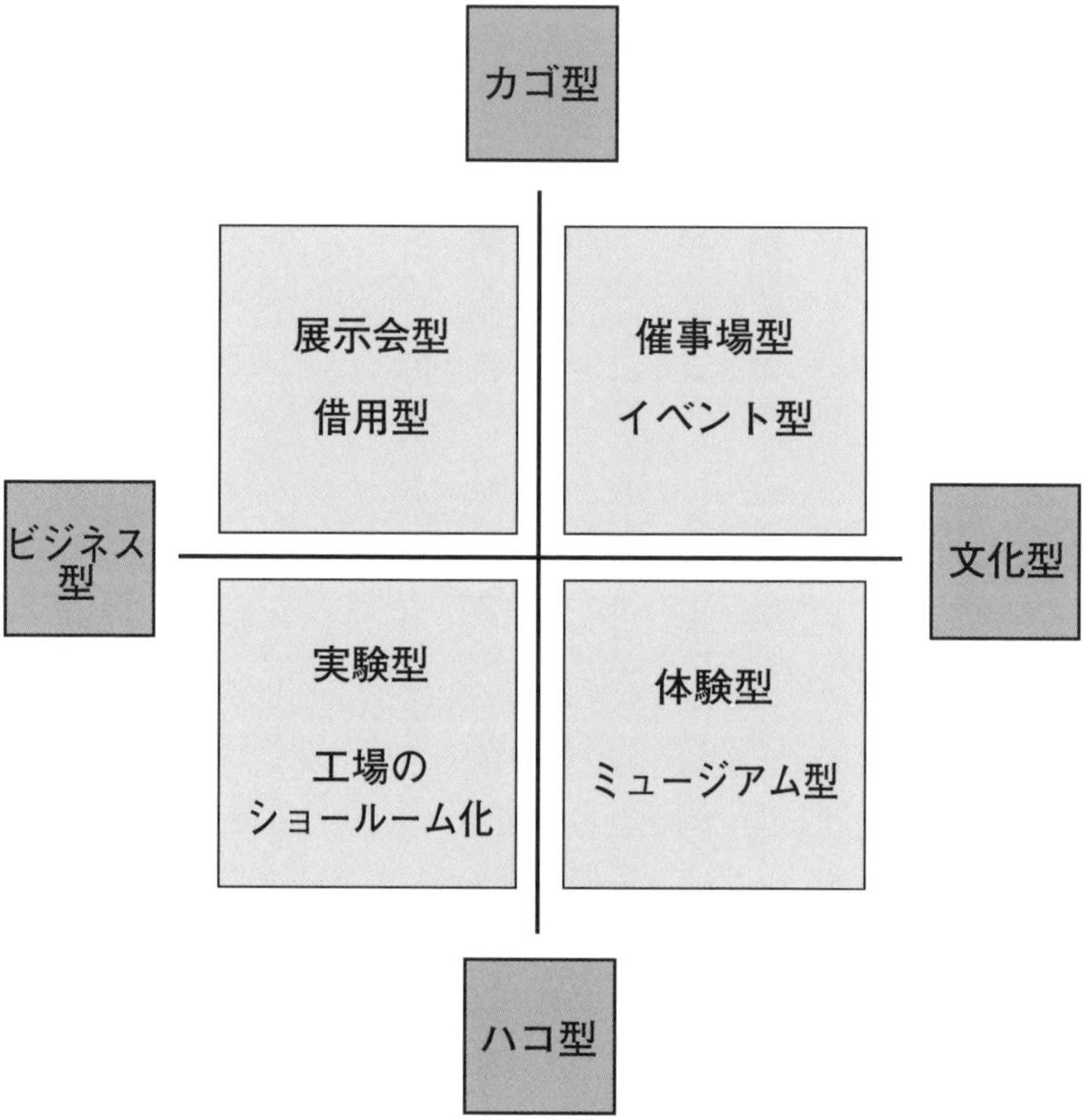

しないショールームづくりができることになります。

なお、ここでは簡易的にショールームの形態を選択する方法をご紹介しましたが、実際には、営業戦略的な要素を含めて決めていくことになります。

以上、自社に最適な形態のショールームづくりの方法をご説明しました。

続いて第３章では、そのショールームを回すための営業実務についてご説明します。

第3章

ショールームを活用するための営業実務

1、ショールーム活用で最も大切なこと

ショールーム営業とは何か

当社は「日本で唯一のショールーム営業コンサルタント」を標榜しており、ショールームで儲けるためのコンサルティングを生業としています。

初対面の方にあいさつで名刺を渡すとき「初めまして、ショールーム営業コンサルタントの細井です」と自己紹介すると、相手は「ショールーム?」「営業?」とつぶやき「どういうコンサルティングですか?」と聞かれます。

そんな場合は「使われなくなったショールームを再活用して、売り上げを上げていくコンサルティングです」と答えるようにしています。名刺交換のわずかな時間で当社のコンサルティングを説明するのは困難なため、このようにお伝えしています。

そこで皆さんにお聞きします。「ショールーム営業」とは何だと思いますか?

「ショールームに営業がくっついただけじゃないか」

「ショールームを使って営業するんだろ」

言葉の上ではその通りなのですが、そこには深い意味があります。

ショールーム営業とは**「自社に最適な形態のショールームを活用して売上・利益を大幅に増大させる、かつ、そのための組織を作る」**ということです。そして**「そのプロセスの中で人を育てる」**ことを目的としています。

先ほども申し上げましたが、いくら立派なショールームを作っても、それが自社に最適な形態になっていない、ショールームを回す組織やしくみがないのであれば、活用できない、維持できない、儲けることはできないということです。

そして、ただ単に儲けるだけではなく「人を育てる」ことを目的としています。いうなれば、人を育てた結果「儲かる」ということです。

したがって、売上・利益を大幅に増大させるためには、ショールーム営業を実践すればいいことになります。

その要素である「自社に最適なショールームの作り方」はすでにご説明しましたので、この章では「そのショールームをいかに活用すべきか」という営業実務についてお話しします。

どう活用したらいいでしょうか？

「活用できていなかったのだから、どう活用しようとも売り上げは上がる」と思われた方、甘い考えは捨ててください。活用の仕方によっては売り上げが10倍にもなるケースがある反面、活用の仕方が悪く、直接の原因ではないにしろ倒産に至ったケースもあります。ショールームは経営を映し出す鏡なのです。

活用の仕方については、それぞれのショールームの形態に合わせなければなりません。

しかし、いかなる形態であっても、見込み客を集客できなければ絵に描いた餅になります。いくら立派なショールームを作ろうと、展示品の品質が高かろうと、まずは集客です。

したがってここでは、ショールームを活用するうえで最も大切な「本物の見込み客の集客」について、展示会を例にご説明します。

第1章で「本物の見込み客は、本物の情報を持っていて、その情報しか利用価値がない」「もう、人を集めるだけのショールーム、展示会の時代は終わった」「人を集めれば売り上げは上がる、何とかなるという幻想は捨てるべきだ」と申し上げました。

これまでは大企業を中心に、中小企業であってもショールームイベントや展示会を大々的に開催し、大勢の人を集め、お祭り騒ぎのようなやり方をしてきました。

なぜなら、それで成果が出ていたと勘違いしていたからです。そして、それが間違いだと勇気を持って言える人がいなかったからです。

しかし、そんなショールームイベントや展示会も、社会情勢の変化とともに変わりつつあります。例えば、冠婚葬祭の式場を見ても分かります。

地域にもよりますが、数十年前までは、大きな会場に大勢の人を集めて結婚式・披露宴を派手に執り行ってきました。出席者は両家合わせて60人～100人くらいになります。そんな結婚式場がいくつもありました。ずいぶん費用も掛かったでしょう。

ところが最近では、そのような大規模な結婚式場は見当たりません。皆さん小ぢんまりと、お金をかけずに済ませています。親や家族、または本当に招待すべき人しか出席しません。質素倹約と言ったらいいでしょうか。

また、通夜・葬式も同様です。最近では、家族葬がかなり多くなりましたし、直葬といって通夜・葬式を行わない方も増えました。

もちろん、有名人や企業経営者の場合は、冠婚葬祭どちらとも大きく行うこともあるでしょうが、普通の一般庶民の場合はどんどん小さくなってきています。本当に出席・参列してほしい人しか呼ばないということです。

何も、ショールームイベントや展示会と、冠婚葬祭を一緒にしなくてもと言いたいですか?しかし、このような社会情勢は、すぐにとは言いませんが、必ずあなたのビジネスにも影響を及ぼします。

本物の見込み客を探せ

経営者の方は、本物かニセモノかにかかわらず、とにかく集客しなければショールームイベントも、展示会もあったものではないと考えます。ここにショールームを活用するときの最も注意すべき点があります。

大企業であろうと中小企業であろうと、経営者の方は恥をかくことを最も恐れます。ショールームイベントや展示会を開催するときに、集客できないことが最も恥ずかしいことだと考えます。

売上・利益は、単なる数字ですから、どのようにもごまかせます。しかし、会場に人がいないということは、誰が見ても分かりますし、ごまかしようがありません。

「○○会社はショールームイベントをやっているけど、お客さんを集められていないね」

「会場は閑古鳥が鳴いていたぞ。あまり暇なので社員はあくびしていたよ」

「来てくれって泣いて頼まれたから行ったけど、客より社員のほうが多かったぞ」

などと、顧客や取引先に言われたら、あなたはどう思いますか?きっと穴に入って出てきたくないと思うでしょう。

すると「とにかく人を集めろ!」「人さえいれば何とか恰好はつく」と号令を出します。営業社員は顧客を訪問し「お願いします」の一点張り。頭をテーブルに押し付けるほど下げ「行く」と言うまでその場を離れようとしません。

もしくは、まるで大量輸送方式のように顧客をバスで展示会場まで運び、適当に会場を見てもらった後、お楽しみの観光と食事の接待を行います。まるで1日観光旅行をしているようです。

経営者の方は「やれやれ、何とか人が集まった」で済むでしょうが、社員は「何やっているのだ」とか「こんなことして意味あるのか」と必ず思っています。

これがショールームを活用できなくなる原因の一つなのですが、それはさておき、このようなやり方を大企業も中小企業も何十年と続けてきました。

特に大企業の大規模展示会についてはこの傾向が強く、成功の定義は「人を集めること」となってしまいました。それが中小企業にも波及し、成果の上がらないショールームイベントや展示会を延々と続けてきたのです。

「そんなことはない。イベントを開催した直後には売り上げがぐんと上がる」

「数字を見れば一目瞭然、成果は出ている」

このように反論される方がいますが、残念ながら、どこに目をつけているのかと言わざるを得ません。この数字はどこから引っ張ってきたのか分かっていますか？

そうです。普段の売り上げをイベント用にとっておいたものです。多少はご祝儀気分で購買、契約することもあるでしょうが、そんな売り上げは微々たるものです。

実は、経営者の方は、そういったことは分かっています。それではなぜやめられないのか？ということになります。なぜだか分かりますか？

やめる勇気がないからです。「やめたら顧客や取引先にどう思われるだろう」「やめて売り上げが落ちたらどうしよう」などと考えてやめられないのです。

それくらい、経営者の方は外部からの評価に敏感だということです。常に、人からどう思われているか気にしています。

そんな理由で、やめたくてもやめられず、延々と負け戦を続けてしまう羽目になります。そして、社員は、恒例行事だからといって、ただ単に目の前のやっつけ仕事をやっているだけになり、意味のない仕事に嫌気がさしてしまいます。

絞り込み営業というやり方

先ほど「ショールームを活用して集客をする時に、最も注意すべき点がある」と申し上げました。

その注意すべき点とは、イベントに集客することにのみを目的とせず、最も大切な「商談」を作ることを目的とすることです。

すなわち**「本物の見込み客をいかに集客するか」ということにとどめを刺します。自社にとって、本物の見込み客以外は集客する価値はない**ということです。

それでは、どうしたら本物の見込み客を探し出せるでしょうか。当社が考案した「絞り込み営業」というやり方があります。この方法は、製造業や卸売業などのルートセールスに向いたやり方ですが、取り組みが簡単なうえに効果は絶大ですのでご紹介します。

次のページの表を見てください。

まず、顧客の会社名簿を作り、普段の顧客営業訪問の中でイベント開催をＰＲします。もちろん、ＰＲするだけのために訪問しても構いませんが、普段の営業活動の中でついでにＰＲすれば負担は少なくて済みます。

訪問したら、案内日、顧客の反応、コメントを記入します。この時、必ず購買決定権者

絞り込み表

会社名	案　内　日							総合判定	総合コメント
		月　日	月　日	月　日	月　日	月　日	月　日		
○○	判断	×	×	△	○	◎		◎	発電機に興味
	コメント	興味無	興味無	反応有	興味有	参加			
△△	判断	×	×	×				×	案内中止
	コメント	興味無	興味無	興味無					
××	判断	×	△	△	△			△	ドリル故障
	コメント	興味無	反応有	反応有	反応有				
・・・									
・・・									

■絞り込み表ルール例

１、参加顧客については参加日時、人数など把握する

２、３回案内して全く反応しなければ一旦中止

３、参加不明客については最後まで諦めずにＰＲする

４、総合コメントには興味のある製品や困りごとを記入

の反応を記入してください。社長とか、購買部長とかです。

1回目のPRで食いついてくることはありありませんので、何回も繰り返します。最低3回、ふつう5回くらいは必要です。あまりしつこくPRしないほうがいいです。

その結果、イベントに「行く」「行かない」「どちらともいえない」の三つに分かれますので「行かない」はリストからいったん除外してください。そして「行く」は、その後の営業活動でも、このイベントテーマでは重要な顧客になりますのでしっかりチェックしてください。

この時点で最も重要なのは、態度をはっきりさせない顧客です。「行く」「行かない」は、態度がはっきりしていますので、ひとまず維持管理か放置のどちらかです。

しかし「どちらともいえない」は、将来重要な顧客になる可能性がありますので、イベント開催直前まであきらめないでPRする必要があります。

もう一つ、総合コメント欄に顧客の興味のある製品や困りごと情報を記入してください。普段からしっかり営業できていれば、ある程度つかめます。そしてそのコメントが後々、非常に重要な情報となります。

このように、顧客をどんどん絞り込んでいってください。絞り込んで、実際にイベントに来てくれた顧客が本物の見込み顧客です。「行く」と言いながら「こなかった顧客」はなぜ来なかったのか、「行かない」と言っておきながら来た顧客はなぜ来たのか、調査する必要があります。

注意すべき点は、この絞り込みはこのイベントテーマに対する結果であり、結果が思わしくなければ、イベントテーマが間違っていたということも考えられます。

したがって、イベントテーマを事前に十分検討することが大切になります。

この絞り込み表の利点は、いたって簡単に利用できることです。そして、普段の営業活動のついでに調査感覚で行うことができるため、営業社員の営業力に影響を受けないということです。

本物の見込み客を発掘するポイントは、できるだけ多くの顧客をリスト化することです。この顧客は興味がないだろうとか、来てくれないだろうなどと勝手に思い込まないことです。そして、実際に案内し、絞り込んでいくことです。

この白地の部分が多ければ多いほど、数多く本物の見込み客を集客できることになります。なぜなら、あなたの顧客の中に、必ず、一定の確率で本物の見込み客はいるからです。

2、儲かるショールームイベント、展示会のやり方

従来の展示会では開催する価値がない

絞り込み営業のやり方と利点はご説明した通りですが、実際にどのようなやり方をしたのかをご紹介します。絞り込み営業の手法を使って展示会に本物の見込み客を集客し、売上を大幅に向上させた会社の事例です。それは、第1章でご紹介した建設機械商社のY社です。

すでにご紹介した通り、Y社の経営は危機的な状況にありました。しかし、展示会を自主開催することで浮上のきっかけを作り、今では地域1番店に成長しています。

その展示会に、どのように本物の見込み客を集客したのかをお話しします。

Y社は創業70年の老舗であり、歴史と信用のある会社です。3代目社長は、自分も含めて社員が「ゆでガエル」状態に陥っていることが大いに不満で、当時、社長は相当な危機感を持っていました。

しかも建設不況といわれる経済情勢が加わり、何とかしなければという思いは強かったといいます。

しかし、この情勢は構造的な問題であり、一企業があがいてもどうにもなるものでもありません。そこは分かってはいるものの、社員の危機感のなさに社長自身じくじたる思いでした。

建設機械が売れないなら何かほかの商材はないかと探したのですが、なかなかこれといったものは見つかりません。何しろ「ゆでガエル」状態の社員ですから、新しいものに挑戦しようという気概に欠けています。

候補はいろいろ上がったのですが「商流がないからそんなものは売れない」「その製品は一から勉強しなければいけないので、時間がかかるしリスクも大きい」などと、何かとケチをつけて取り組もうとしません。

しかし、諦めるわけにはいきませんので、社長自らも考えた結果、機械工具を売っていこうということになりました。

建設機械と比べて機械工具の単価は十分の一～百分の一です。「こんなもの売っても売り上げの足しにはならない」という意見もありましたが、取り扱いの製品でもあり、ほとんど売っていないような手付かずの商材でしたので取り組んでみることにしました。

調査してみると、同業他社はこの機械工具を結構売っていることが分かりました。展示会も年2回ほど開催しているようです。

このことがY社の耳に届かなかったのは、Y社が建設機械の専門商社というおかしな自負心があったのと、同業他社が別の名目で展示会を行っていたことがあげられます。

いずれにせよ、同業他社が機械工具の展示会で売上を上げていたことが分かり、それならわが社でもやれるぞという雰囲気になりました。

いつものような、人を集めるだけの展示会では価値がないと考えていましたので、売れる展示会を目指しました。いわゆる展示即売会です。集客数は少なくてもいいので、本物の見込み客を集めて売り上げが上がるようにと考えたのです。

ただ、これまで大手商社の展示会に乗る形でしか開催したことがないY社でしたので、効果的なやり方が分かりません。そこで絞り込み営業を実践したのですが、これが当たりました。

詳しい経緯は後述しますが、ともかく絞り込み表と機械工具展のチラシを作り、営業社員に持たせます。特に、しゃべり下手な営業社員には大助かりです。何しろ、チラシを渡して顧客の反応を見るだけで営業になるのですから。

「おう、そこに置いといて」

「いいよ、面白そうだから行ってみようか」

「へ〜、お宅も機械工具展やるの？うちは○○会社の展示会に行くからなあ。まあ、やめとくわ」

反応はいろいろです。それをいちいち絞り込み表に記入していきます。何しろ普段の営業のついでの展示会ＰＲですので、営業社員もそれほど負担に感じません。１か月も経つ頃には、一人当たりの担当顧客、数十社が10社程度に絞られてくることになります。


また、機械工具展のチラシですが、いつでも取り出して案内できるように、営業中はカバンなどにいつも入れておきます。

チラシの作り方については、展示品によっていろいろやり方はあるでしょうが、ちょっとしたコツとノウハウがあります。立派なチラシを作ろうとして、デザイン会社などに依頼すると失敗します。


要するに、展示会に行きたくなるようなチラシが必要なわけで、お金をかければそのようなチラシができるとは限りません。素人の手作りで結構ですので、建設会社の社長が一目見ただけで「ピクリ！」とするチラシを作ります。

このチラシの良し悪しで、本物の見込み客の集客数が変わります。たかが１枚のチラシにすぎませんが、顧客にとって何か気になる絵や写真、フレーズが必ずあります。そこを探ってチラシに込めてください。

とても重要なので忘れないようにしてください。このチラシであなたのビジネスが変わります。

集客しないことが儲ける秘訣

以前のショールームイベントや展示会は、人を集めることが目的になっていました。本来は商談をして、売上・利益を上げるためであり、開催のプロセスの中で人を育てる、チームワークを作るという目的がすり替わっていたわけです。

長年、このような状況を目の当たりにしてきましたが、社会情勢の変化をきっかけに、お祭り騒ぎのショールームイベントや展示会はもうやめようというのが当社の提案です。

お祭り騒ぎはもうやめて、本当に自社にとって必要な「リピーター」や「ファン」を育てようということです。

リピーターというのは、繰り返し利用してくれる、購買してくれる、契約してくれる人や企業を指します。

また、ファンというのは、それだけでなく、顧客自らが自社あるいは自社の製品をよい口コミで宣伝してくれる人、あるいは企業を指します。

例えば・・・

「○○会社のあの製品はいいよ。とにかく便利だよ。俺なら絶対勧めるね」

「それに営業の△△さんは、対応が早いね。安心して任せられるよ」

といった風に、良い噂を撒いてくれるわけです。

リピーターは単に、好きだから、便利だから、安いからといた理由で購買や契約をします。それはそれで大切にしなければなりませんが、それだけでは発展性がありません。

やはり、リピーターをファンに育て上げることが必要です。そのためのショールームイベント、展示会と心得てください。

とすると、そんなにたくさんの人を集めても対応しきれません。イベント開催の目的の一つは情報の集散ですので、本物の見込み客以外、例えば冷やかしに来場されても困るわけです。

第1章でも申し上げた通り、本物の情報は本物の見込み客しか持っていません。飲食サービスや景品目当ての来場者は、自社に必要な情報も購買決定権も持っていません。「そのような人たちに、ムダ金使っても意味ないでしょ！」というのが、当社の考えです。

「そんなことはない！たくさんの人に来てもらって、その中からリピーターやファンに育てる候補を見つけるべきだ」と言う方がいます。しかし、この考え方は完全に間違っています。

「たくさんの人に来てもらいたい」という言葉の裏には、「にぎやかにイベントを開催したい」という願望が見え隠れしています。

「にぎやかにやる」には購買決定権のある人だけでは不足で、その周りの人も来てもらわなければなりません。

その人たちに来てもらうためには、飲食サービスや景品、アトラクションが必要です。結果、いつものお祭りイベントになり、後には何も残らないことになります。

こういった経営者の方は勘違いをしています。人が集まることで、自社は人気があるとか、営業力があるとか、顧客に愛されているとか思いたいのです。

しかし、社員はそれによって疲弊しています。本来やるべきことができません。ショールームイベントや展示会で結果が出ないのは、社員の責任ではなく経営者の責任です。

「それじゃあ、どうやってリピーターやファンの候補を見つけるのだ?」と言いたいでしょう。

その答えは「普段の営業の中で見つけて行く」ということです。

「なんだそんなことか」と思った方、普段の営業で見つけられていますか? 残念ながらできていません。なぜなら、それができていれば飲食サービスや景品がなくてもイベントには人は集まるからです。

イベントを自主開催するのは、本当にきちんと、普段から営業ができているかを検証するためでもあるのです。普段行っている営業の効果測定の意味を含んでいます。

このようなことから、イベントには大勢の人を集める必要はありません。強いて言うならば、むしろ、少いほうがよりいいのです。

ショールームのイメージを変えてくださいと申し上げてきましたが、集客についてもイメージを変えてください。それが儲ける秘訣です。

初めての機械工具展が大成功を収めるまで

ところで、展示会の日程ですが、春と秋の展示会シーズンを外します。しかも、土日休日ではなく、あえて平日2日間の開催とします。

具体的には、3月上旬と11月上旬で、水曜日、木曜日の開催としました。展示会慣れしている方からすれば「なんでこんな時期にやるの？」という疑問がおありでしょう。

「しかも、平日にやるなんて常識から外れている」と言いたいところでしょう。ところが、この日程に非常に大きな意味があるのです。

先ほど「普段行っている営業の効果測定の意味を含んでいる」と申し上げました。土日休日なら「時間もあるから、そんなに頼むなら行ってやろうか」という顧客もいます。

しかし、展示会シーズンでもない平日に「暇だから行ってやろうか」という方は絶対いません。なぜなら、来てもらうのは経営者もしくは購買決定権者であって、そのような方にそんな暇人はいないからです。

そのような忙しい方に来てもらうには、普段から行っている営業が大切であって、それができていれば忙しくても来てもらえます。

逆に、普段の営業がいい加減、おろそかであれば、展示会だからといっても忙しい経営者は来てくれません。

このことが「普段行っている営業の効果測定の意味を含んでいる」という意味です。したがって、本物の見込み客の集客が増えれば増えるほど営業力は増していると言えます。本物の見込み客の集客数は、営業力のバロメーターです。

展示会の日程が決まりました。３月上旬と11月上旬の平日です。ここから逆算して２か月前から展示会の営業開始です。２か月前から営業開始ですから、その１か月前もしくは最低２週間前から準備します。

営業ツール―展示会のチラシと絞り込み表―の準備、会場設営に関する打ち合わせ、役割分担、伝票処理のルールなどなどです。

なぜ準備に１か月もかかるのか？そう思われるかもしれません。なぜなら、展示会のプロジェクトチームを作って行うわけではなく、普段の営業の一環として習慣化させ、コツコツとじっくり準備するからです。

準備が終わればいよいよ営業開始です。くどいようですが、ここでも展示会用の営業は極力しません。もちろん営業はかけるのですが、展示会のためだけに営業に行くことはしません。あくまでも普段の営業の一環です。

持ち物は、絞り込み表、展示会のチラシ、これだけです。

セールストークは、

「3月○日に機械工具の展示即売会をやります」

「よろしければお越しください。いかがですか？」

と言ってチラシを渡し、顧客の反応を見ます。それを絞り込み表に記入していきます。

ここで注意が必要です。先ほども申し上げた通り、セールストークとチラシを渡す相手は、経営者もしくは購買決定権者だけです。ほかの人には渡しません。無駄だからです。

こうして1か月ほど絞り込んでいきます。すると、担当一人当たり数十社のリストが、10社程度まで絞り込めるようになります。

ちなみに、ここで渡すのはまだ一般的なチラシです。この後、絞り込み営業が進み、顧客情報が集まった時点で顧客別のチラシに変えていきます。

さて、顧客リストに数百社あった候補が数十社に絞られました。これらの顧客は見込み客です。しかし、当日、絶対に来てくれるという確信が持てるまでは安心してはいけません。展示会に来て初めて「本物」になります。

数十社に絞った見込み客をどうやって本物にするのか？　ここはひとつ、仕入れ先である機械工具メーカーを巻き込むことにします。

自主開催といっても、何も自社だけで開催する必要はありません。使えるものはとことん使えの精神で、メーカーと協働展示会にします。どのように協働するのか。

Y社は建設機械商社です。したがって、機械工具についてはあまり詳しくなく、取扱製品ではありましたが積極的に売るという姿勢ではありませんでした。どちらか言えば、売れるから多少在庫もおいてあったという程度です。顧客もついでに購買するといったスタンスで、Y社に期待はしていませんでした。

長年の取引はありましたが、当然、メーカーも積極的にY社に製品PRすることはありません。しかし今回Y社から、工具展を開催するから協力してほしいとの要望があり、メーカーとしても売り増しになればということで、積極的に協働することになりました。

後から思えば、見込み客を「本物の見込み客」に仕立て上げるのに、このメーカーが非常に強力な助っ人になってくれたと考えられます。

その要因は、もちろんY社のリーダーシップがあってのことですが、何よりお互いのメリットを見つけたことと、信頼関係を構築できたことにあります。

彼らは、春と秋の展示会シーズンは超がつくほど忙しいのですが、それ以外はそれほどではありません。したがって、シーズン以外に、しかも平日に展示会を開催してくれるというのは、彼らにとって非常に都合がよいのです。

なぜなら、彼らにとっても普段の営業の一環として展示会に出展できますし、こちらから営業に行かなくても、顧客から展示会に来てくれるとは有り難い話だからです。

では、メーカーの営業社員はどんな助っ人になったのでしょう。それは、Y社の営業社員と一緒に同行営業したということです。

何せY社は、機械工具の取り扱いがほとんどありません。したがって、顧客に営業もできなければ、質問されても詳しく説明ができません。もちろん、事前に製品の勉強はしているものの、営業の経験不足は否めません。

そんなところへ、メーカーの営業社員が同行営業してくれればありがたい話ですし、メーカーもユーザーに直接PRできるとは願ったりかなったりです。

また、自社製品の売り増しになるわけですので一石二鳥。これが、強力な助っ人になった一つ目の要因「お互いのメリットを見つけた」ということです。

顧客は、機械工具のプロがわざわざ訪問してくれるということで、普段のいろいろな質問や要望をぶつけます。

メーカーはそれに丁寧に答え、そして「ぜひ展示会にお越しください。実際に見てもらうことでお分かりになることがたくさんあります」などとPRします。

ここで「よし分かった、展示会に行く」と言ってくれた顧客が「見込み客」です。この同行営業を展示会開催直前まで、約1か月間行います。この期間が勝負です。ここから先は展示会用の営業を行います。

見込み客には、いつも以上に営業頻度を上げなければなりません。そして、絶対に展示会に来てもらわねばなりません。見込み客に展示会に来てもらい、本物の見込み客にするために営業します。

なぜか?来てくれさえすれば、間違いなく購買するからです。１００％購買します。しかも「本物の情報」を持ってきます。

この**「本物の見込み客の集客」こそ、展示会成功の要因です。**重ねて申し上げますが、**本物の見込み客以外必要ありません。お金も時間も手間もかかる上に、自社にとって何のメリットもないからです。**

そうはいっても、Y社にとって初めての展示会です。経験を積んでいけば何となく判断はつくようになりますが、この時点ではまだ、見込み客がほかに潜んでいる可能性があります。

見込み客から除外した顧客も、当日、ふらっと来てくれることがあります。したがって、完全に除外することはやめておきます。営業のついでに、さらりと一言加えることは忘れないようにします。

どっちつかずの顧客は、この後、どちらに転ぶかわかりません。やはり、あきらめずに案内することにします。

3、シナジーを高める垂直連携戦略

役割以外のことはやらない展示会

ところでY社は、展示会開催にあたり機械工具メーカーと役割分担をしました。相手と協働しながら展示会を進めていくわけですから、当然のことながら普通は、自社以外の役割についても積極的にお手伝いをします。

ところが、Y社もメーカーもお互いに、自社以外の役割については、いっさい手を出しません。Y社が忙しそうに作業をしていようとも、メーカーがてんやわんやで展示の準備をしていようとも、お互いにその光景を眺めているか知らん顔をしています。

「お互い協働して展示会をやろうとしているのに、そんなことでは成功しないだろう？」。そう思われても仕方ありません。

しかし、それには理由があります。簡単にご説明しますと、専門家がやることに半分素人が手を出さないほうがスムースに運ぶということ。もう一つ、会場の設営は簡易であり、同行営業など協働する場は別にあるということです。

ここで、お互いの役割分担を書き出してみます。

Y社の役割
1、会場設営（テント5張り、紅白の幕）
2、受付の長机1本とパイプ椅子2脚準備
3、名簿（来場予定者）の準備

機械工具メーカーの役割
1、展示品の準備
2、来場者への飲み物の準備（ペットボトルのお茶と缶コーヒー）
3、商談

以上です。

どう思われましたか？「ホントにこれだけ？」「まさか、こんなことで展示会なんかできるか」そう思われた方も多いでしょう。

Y社の役割の会場設営ですが、今回は、屋外の駐車場を利用して展示会を行いましたので、天候にかかわらずテントが必要です。そのテントを5張り張るのが会場設営です。そして、お客様の来場受付用に長机とパイプ椅子を用意。長机の上には来場予定者のリスト。これだけです。

メーカーの役割の展示品準備は、メーカー自社の展示品ですので自身が展示します。飲み物はペットボトルのお茶と缶コーヒーのみ。来場者にどちらかをお渡しします。そして、商談。商談といっても立ったままです。商談用の机はありません。

「ちょっと待て、商談はY社がやるべきものだろう?」「メーカーは製品説明をやるべきだ」「メーカーが商談するならY社は何やっているのだ?」。そんな声が聞こえてきそうです。

いいえ、大丈夫です。Y社には、Y社の重要な役割があり、それを一生懸命やっています。なんだと思いますか?

「除外客やどっちつかず客の見込み客化」と「見込み客の本物の見込み客化」です。どういうことかというと、それは「展示会への最後の誘引」です。

除外客には「今日明日と機械工具展を開催しています。掘り出し物があるかもしれませんので、よろしければお越しください」と案内します。また、どっちつかず客には「ご案内の通り、今日明日は機械工具展です。メーカーの担当者も来ていますのでぜひお越しください」と案内します。

見込み客には「社長、お待ちしています。何時ころお越しになりますか？」と案内します。最後の最後まで、最終日の終了時刻間際まで案内をします。それで来てもらえなかった顧客は、機械工具の需要家ではない、もしくは何か理由があったということです。

そして、来てもらえた本物の見込み客は「リピーター」に育て、ひいては「ファン」に育て上げていきます。

メーカーが商談をする理由が、今、ご説明した部分にあります。展示会期間中であろうと平日ですので、Y社の営業社員は普段の営業もしなければなりません。

そこで、完全に役割を分担しました。Y社は集客、メーカーは商談です。Y社は、本物の見込み客の集客に特化しています。

ただし、会場での接客だけは行います。顧客は、普段接しているY社の担当者が接客することで安心感を持ちます。いなければいないで、誰かほかの社員が接客すればよいのですが、やはり担当者がいることが重要です。

メーカーが商談をするというのは、メーカーがその場で価格を決めてよいということです。当然、顧客は価格交渉をしながら購買します。その時に、Y社の利益を含んだ価格を提示するのですが、それはメーカーに任せられているということです。

これは、Y社がメーカーを完全に信頼しているということ、また、メーカーはその信頼を裏切らないように一生懸命商談するという証です。

まさに、お互いの信頼関係があるからこそできることです。機械工具メーカーにとってY社は、それほど取引の多い相手ではありませんでした。しかし、取引金額が少ないからといって信頼関係が薄いということはありません。

Y社とメーカーは、展示会の準備期間の短い時間で信頼関係をより深めたといえます。これが、強力な助っ人になった二つ目の要因「お互いに信頼関係を築いた」ということです。


こうして、２日間の初めての展示会は終了しました。しかし、実は、ここからが本番です。購買をしてくれた本物の見込み客はリピーターにしなければなりません。そのために、展示会の感想を聞き出します。

「ん〜、展示品がちょっと少なかったかな」

「ちょうど会場が忙しい時に行ったので、十分な商談ができなかった」

「次は、○○を見てみたいな」

などと要望が出てきます。

時には「そういえば買い忘れたものがあるので、今度それを配達してよ」などと、追加注文をもらえることもあります。展示会終了日から1か月間は、あと売りの展示会期間中であり、展示会の売り上げ数字に含めます。

あと売りがあれば当然、前売りもあるわけで、展示会前2か月間のＰＲ期間中に販売した機械工具の売り上げは、前売りとしてカウントします。


さてこれで、前売り期間2か月、展示会当日2日、あと売り期間1か月、約3か月にわたる展示会が終了しました。準備期間を含めると4か月です。結果は？

まあ、初めてにしてはそこそこでした。機械工具は、モノが小さいだけに建設機械に比べれば大した売り上げにはなりませんでしたが、それでもないよりはましです。

ところがです。なんと、機械工具に引っ張られる形で建設機械が売れ出しました。

「この間の展示会、なかなか良かったよ」

「ついでといっては何だけど、この機械を見積もってもらえないかな」

こういった類の問い合わせが増えたのです。

もちろん、価格競争になるのは致し方ありません。しかし、社員全員で一生懸命やった展示会が良い影響をもたらし、割と順調に商談が進むようになりました。

これは予想外でした。世の中、何が起こるかわかりません。やってみるものです。

これまで、仕入れ先である、大手商社の大規模展示会に付き合いで出展していましたが、小さくても展示会を自主開催し、それなりに集客できたということは、社長を含め社員全員に自信がついたとともに、地元の顧客から認められたと言えます。

その時は、まだまだ始まったばかりでしたが、時代が変わって社会情勢も変化し、再び建設業に光が見えたころには、この取り組みが大きくものをいいました。

今では年に2回、定期的に展示会を開催しています。そして、それがルーティンになっているため、普通に始まり、普通に終わり、そして普通にきちんと成果を出しています。

何も特別なことをやろうとしているわけではありません。特別なことを普通のルーティンにするだけのことです。それが儲けるコツです。

直接の目的と真の目的

「イベントを自主開催する目的は何ですか？」と問われたら、あなたはどう答えますか？

「売上を上げるため」
「利益を確保するため」
「知名度・認知度を上げるため」
「ブランド力の強化のため」
「何かやってないと不安だから」
「周りがやっているから」

目的というよりも、理由になってしまう方もいます。しかしまあ、それはいいとして、ショールームイベントや展示会を開催する目的をはっきりさせなければなりません。なぜなら、目的があるのとないのとでは、また、実際やっている社員が目的を理解しているのと理解していないのとでは、結果に大きく差が出るからです。

今「社員」と申し上げましたが、社員は営業社員だけではありません。経理も人事も広報も、いわゆる事務方も全員、目的を理解しなければなりません。

そして、その全員には、幹部社員はもちろん社長も含まれます。要するに、会社で働いている全員ということです。一人でも「私は関係ない」と思っている社員がいたらイベントは成功しません。加えて、社員全員が営業社員でなければなりません。もちろん、社長も幹部社員も事務員も、です。

「こんなの今どき当たり前」ということが、実は、できていません。できていないから失敗するのですが、それは第6章で後述するとして、最初の質問に戻って「イベントを自主開催する目的は何ですか？」。

おそらく「売上・利益のため」という方が大多数です。その通り、当たり前です。そのためにやっているのですから。

しかし、もう一つあります。それは「イベントを通じて人材を育成すること」です。そして、前者を「直接の目的」といい、後者を「真の目的」といいます。

これは「ショールーム営業とは何か」のところで同様の説明をしました。「売上・利益のため」というのはその通りとしても、当社としては、この「プロセスの中で人を育てる」という手法を最も大切にしています。

いうなれば**「人が育つから売上・利益が上がり、売上・利益が上がるからますます人が育つ」というしくみを作ることを使命としている**のです。

人を育てなかった会社の末路

ショールームイベントや展示会は、活用の仕方によっては薬にも毒にもなります。正しく活用すれば売り上げは大きく伸び、間違った使い方をすれば危うく倒産ということになりかねません。

間違った使い方を短期間のうちに修正できればそのようなことはありませんが、間違った使い方をしていることに気が付かず、長年続けてしまうことがあります。

そんな企業が、Y社の同業で同じく関東地方の、ある都市に本社を構えていたO社です。O社は、創業100年という歴史を持つ老舗企業でした。

過去形でお話ししていることは「過去に存在していた会社」だからです。すなわち、今はもう「存在していない」ということです。

実は、O社も展示即売会を自主開催していました。というよりは、こちらのほうがずっと以前からやっていたと言うのが正しい表現です。

展示品（出展メーカー）は、本業の建設機械から機械工具まで、O社の主な取扱品全てです。

ただし、やり方はY社と全くの正反対。展示会開催時期は、展示会シーズンの真っただ中。しかも週末の土、日曜日。一生懸命やっているのは営業社員のみ。ほかの社員は知らん顔です。

人を集めることに終始し、そのため飲食サービス、景品、アトラクションを用意。顧客だけでなく、その家族、友人・知人まで集める始末。展示会とはいいながら、大規模なお祭りをやっている雰囲気です。

メーカーは売れないことが分かっていながら、一小間数万円の出展料を支払って付き合いで出展します。O社とすれば小間代が収入として入るので、なるべく多くのメーカーに出展を促します。その小間代で飲食サービスや景品の費用を賄います。

会場ではガラガラ抽選会が行われます。購買金額に応じて抽選ができ、空くじなしの大抽選会です。テレビや電子レンジ、洗濯機などの家電製品が、景品として見えやすいところに展示してあります。

会場の周りには屋台がずらりと並んでいます。そば、うどんなど麺類。焼き鳥、焼き肉など肉類。カレーライス、チャーハンなどご飯類。だんご、まんじゅう、ケーキなどデザート類。コーラ、お茶、オレンジジュースなど飲み物類。ほかにもたくさんあります。

会場の真ん中はアトラクション会場となっていて、空気で膨らませた滑り台や大きな風船で小さな子供たちが自由に遊べます。

大人向けには、マグロの解体ショーなどもあります。解体したマグロをその場で味わってもらおうという嗜好です。

いかがですか？あなたの会社も同じようなことをしていませんか？読んだだけでも疲れを感じるでしょう。

この展示会は何十年と同じやり方をしてきました。徐々にエスカレートしてきたとも言えます。高度成長期の名残です。

高度成長期はこのやり方がよかったのかもしれません。とにかく需要が供給を上回っていたころです。また、今と違ってフローよりストックの時代でしたので、とにかくモノを持っている者が勝ちです。どんどん売れました。その頃の展示会をそのまま受け継いできてしまいました。

ところが、人を集めるということに関してはこの会社は立派です。何しろ1日で数百人が来場するわけです。Y社の10倍以上です。

しかし売り上げとなると、展示会当日は全く売れません。全くです。なぜだか分かりますか？

来場者が経営者でもなく、購買の決定権者でもないからです。先ほどご説明した通り、来場者は顧客や顧客の家族、友人・知人です。しかも顧客は経営者ではなく一般社員です。

この方たちは何をしに来ていますか？そうです、飲食、景品、アトラクションを楽しみに来ています。購買や商談に来ているわけではありません。そもそも、その権限を持っていません。

したがって、出展メーカーの社員はこう言います。「売れない」。

しかし、最終日の売り上げ速報では「売上金額○億円、目標達成しました！」と発表します。

当日売れていないのに、なぜそのような発表になるのでしょう。

からくりは簡単です。展示会の前に受注した案件を確保しておき、展示会当日に受注伝票を切って当日の売上にしてしまうのです。本来は、展示会があってもなくてもあがっていた売り上げです。

出展メーカーの社員は、それを聞いて何を思うでしょう。「こんな展示会には出展したくない」「こんな会社とは一緒にやりたくない」。そう思うのが人情です。

こんなことをして意味があるのかと思われるでしょう。しかし、現実はこのようなやり方で展示会が行われていました。

それは、仕入れ先であるメーカーの重役や、業界紙の新聞記者を会場に招待していて、みすぼらしい展示会にはできないからです。

各メーカーの重役が来ているということは、それだけO社に箔がつきます。また、新聞記者には、O社にとって都合の良い提灯記事を書いてもらわねばなりません。

何もかもが非合理的な展示会だったということです。

冒頭でご紹介した通り、このO社は、現在は存在していません。見かけの売り上げだけに惑わされ、見栄っ張りでいい恰好をしたい経営者は市場から退場しました。不幸なことですが致し方ありません。

しかし、一番の被害者は社員です。意味のない展示会をやらされ、挙句の果ては職を失ったのです。このような展示会に「ノー」を突き付ける、O社の幹部も社員もメーカーもいなかったのが、間違った展示会をやり続けてしまった原因です。

ショールームイベントや展示会は、経営を映し出す鏡だと申し上げました。また、活用の仕方によっては薬にも毒にもなると申し上げました。

活用の仕方次第であなたの会社の運命が決まるのです。そう心得てください。

第4章

ショールームをどう活用するか形態とその実例

1、ショールームをどう活用するかはあなた次第

ショールームを作るうえで大切なこと

第2章で、業種・業態別に、自社がどのような形態のショールームを作ればいいのかをご紹介しました。

これはあくまでも一つの考え方であり、実際、どのようなショールームを作るのかは経営者の方の判断です。そして、それで活用できて儲かっていれば誰も何も言いません。

しかし、ショールームは経営者の方の憧れや夢ですので、よく考えて作らないとどうしても過剰に豪華になってしまいます。そのようなところにお金をかけるのではなく、顧客とともに驚きと感動を共有するショールームを作っていただきたいものです。

人は五感を持っています。この五感に訴えるショールームを作ることは当然です。ただし、多くの感覚に訴えればいいかというとそういうものでもありません。一つの感覚だけ、例えば「見る」ことしかできなくても、効果を上げる方法はあります。

また、五感以外にも人には第六感があります。当社はここを重視しています。それには、先ほど申し上げたように、顧客とともに驚きと感動を共有することが大切です。

例えば、皆さんが大人数参加するセミナーに参加したとします。大きな会場に数十人、数百人の聴講者がいます。講師は聴講者に向けて熱く語りかけます・・・。伝わってきますか？

一方、狭い会場に少人数、数人もしくは一人だけのセミナーをイメージしてください。講師一人、聴講者一人です。考えただけでも緊張感いっぱいですね。しかし、ここに何かを感じさせるものがあります。

何も、顧客を狭いショールームに閉じ込めて、製品説明したり商談したりせよと言っているわけではありません。中小企業が本物の見込み客を相手にするとき、薄い接客では受注はできないと申し上げているのです。

したがって、ショールームを作るといっても、お金をかける場所を間違えないことです。豪華なショールームを作るのではなく、顧客とともに驚きと感動を共有できるようなショールームにしなければなりません。

この点、オンラインやバーチャルではかなり難しいと言わざるを得ません。しかし、ショールームへの誘引部分では有効です。これについては後述します。

2、優れた経営者はショールームをどのように活用しているか

突然大きな音が鳴り響くショールーム

ショールームには無限の可能性があります。それをどのように活用するかは経営者の方次第です。また、それによってビジネスがうまくいくか行かないかも決まってしまいます。

「もったいないショールーム」を数多く見てきた当社としては、上手に活用し、ぜひ成功させていただきたいとの願いを持っています。

そこで読者の皆さんには、いろいろな形態のショールームと、それを実際どのように活用し、どのようなしくみで回しているのかをご紹介します。

キッチンメーカーT社のショールームからは時折「バン!」という大きな音が鳴り響きます。びっくりして何事かと音のほうを見ると、ショールームアドバイザーが木製のハンマーを持って立っています。「え?何かあったの?」と思われるでしょう。

これは、T社自慢の鋼板ホーローの耐久性実験をしている音です。鋼板にガラス質の釉薬を高温で焼き付け、それを製品に使用しているため、ハンマーで思い切りたたいても鋼板はへこむが塗装は剥がれないという実験をします。

また、ワイヤーブラシでゴシゴシこすっても傷がつきません。もちろん塗装がはがれることもありません。さらに、ガラス質の塗装ですので薬品に強く、お掃除がしやすいという特徴があります。子供がマジックペンで落書きしても、さっとひと拭きで消すことができる優れものです。

このようにT社は、耐久性やお掃除のしやすさを特徴とした製品開発をしており、それを存分にアピールするショールームと製品説明に徹しています。そしてこれらの実験は、実験室ではなく、普通に来館者がいるショールーム内で行います。希望すれば来館者自身で実験することもできます。

なぜ実験室ではなくショールーム内で行うのか？「ほかの来館者がいるのに、そんな大きな音を出したり、ワイヤーブラシでゴシゴシとこするような嫌な音を出したりしたら迷惑じゃないか？」。そう思われるでしょう。

しかし、わざわざショールーム内で実験をするのには訳があります。大きな音が鳴り響き、ゴシゴシと嫌な音がすると来館者はびっくりし、不安な表情を浮かべます。

この後には何事もなかったようなアドバイザーの表情と、一瞬の静寂があって来館者の驚きの声と感動の表情があります。

それだけではありません。ショールーム内にいるほかの来館者は「何事だろう」と気になって仕方ありません。また、ショールームアドバイザーは、実験前と後での、来館者の表情のギャップを楽しんでいるように見えます。

もちろん、その実験の材料となった鋼板は、へこんだままショールーム内に展示されています。その隣には、木製のハンマーとワイヤーブラシが並べて置いてあります。

一般的には、そのような野暮な道具は置いてありませんから、T社のショールームは異色に感じます。しかし、異色ということは独自性があり、他社はまねができないということです。

T社はキッチンメーカーですので、ハコ型のショールームが最適といえます。そのハコの中で実験をしたり、体験をしたりして五感で感じながらも、第六感でも感じたりひらめいたりするショールームになっています。

決して派手さはありませんが、製品の優秀性とショールーム運営方針の一貫性で根強いファンを獲得しています。

T社は、ショールームフェアを定期的に開催しています。取引のある工務店、水道工事店、ガス工事店などが自ら主催店となり、T社のショールームに自社の顧客を誘引し商談をまとめるというフェアです。

このフェアも派手さはありませんが、本物の見込み客を集めることにおいては非常に実績があります。そして、成約率が非常に高いことが特徴です。

工務店、水道工事店、ガス工事店の中には、T社の熱烈なファンがいます。それは、T社がそういったファンづくりを根気よく行っている結果です。

第2章でご説明した通り、水回り製品を購入する施主は、このような施工の専門家の意見を取り入れ、実物を確認したうえで購入を決めます。

したがってT社は、このような専門家を自社のファンに育て上げ、それにより自社の売り上げにつなげるという戦略です。これらの戦略は主に、普段の営業とショールームで実行に移されます。

T社のショールームイベントを使って受注を獲得するF社

水道工事店のF社は、T社の熱烈なファンです。コアファンと言ってもいいでしょう。年に2回ほど開催されるショールームフェアには必ず出展します。

F社は、地方の小さな水道工事店ですので、自社でショールームを持っていません。正確には、以前は持っていたが今はもう持っていないということです。

F社もやはり、憧れに近い形でハコ型のショールームを作りました。しかしやはり、うまく回せません。そこで思い切って閉鎖し、T社のショールームとショールームイベントに乗る形に方針転換しました。

T社にとってF社は、自社のショールームを頻繁に使ってくれるありがたい顧客であり、F社にとってT社は、ほとんどコストをかけずにショールームイベントを開催させてもらえる、便利な仕入れ先であると言えます。

ショールームイベントは、年間スケジュールが決まっています。そのスケジュールに合わせてT社もF社も営業活動を行います。

F社は、小さな水道工事店ですので営業専門社員はいません。どのように営業しているかというと、作業員にショールームフェアのチラシを持たせ、水道工事でお邪魔した家庭にその都度チラシを渡すだけです。作業員が若干口下手だからです。

もちろん、口下手とはいえ話すことくらいできますから「よい製品が揃っています」とか、「ぜひお越しください」と言って手渡します。

チラシは、手の込んだものではありません。顧客が一目見て、「ピクリ！」とするようなチラシを作ります。顧客が何に興味を持っているのか、どんなことに困っているのか、水道工事で何度かお邪魔するうちに作業員がヒントを拾ってきます。

例えば、キッチンが古くなったとか、蛇口の水の出が悪いとか、トイレの掃除がしにくいとか、水道代が気になるとかです。

顧客の、そんな何気ない一言を聞き逃さずに持ち帰ることができるかが勝負です。それができれば、あとはそのヒントをもとにチラシを作るだけです。

作業員とすれば、水道工事の作業の合間に営業するのですから気が楽です。もちろん社長自身も作業をしており、そのついでに営業もします。

社長の場合は、作業よりも営業中心といったほうが適切かもしれませんが、いずれにしても、社長も作業員も全員で営業をします。

このような営業活動を半年間繰り返し、その効果測定としてＴ社のショールームフェアに出展するわけです。

数か月後、フェアに来場した顧客は、ほぼ１００％の確率で契約します。言い方を替えると、顧客は契約のためにフェアに来場します。製品の品質の良さと、顧客の関心ごとや困りごとをオールインワンで込めたチラシが効いています。

Ｆ社の成功のポイントは、現場に落ちているヒントを正確に拾ってくることと、それをチラシに生かした営業ができていることです。また、その営業活動をショールームフェアで効果測定し、結果を次の営業に生かせているということです。

バーチャルとリアルの組み合わせで業績を伸ばすＨ社

家具製造販売会社のＨ社のショールームでは、グリム童話に出てくる白雪姫のように美しい女性が、鏡の中からあなたを迎えてくれます。

初めて体験する方は一瞬「ドキッ！」とします。ショールームの入口に置かれた鏡に近づくと、突然その鏡の中から美しい女性が現れ、優しく微笑んで挨拶をしてくれます。これはバーチャルによるショールーム支援のしくみです。

一般的なバーチャルショールームでは、驚きと感動を共有することは困難です。３６０度カメラで店舗を撮影して作る、ＶＲショールームを体験したことはありますか？なければ一度体験してみてください。

これで製品を購入する気にはとてもなりません。所詮、非接触を実現するための苦肉の策です。リアルショールームに行くことをためらっている人に、単なる写真よりもマシといった程度のしくみです。

ところが、ショールームへの誘引部分においては有効な場合があります。それが第1章でご紹介した、リアルショールームとバーチャルショールームを複合活用したしくみです。

来館者は、ショールーム入り口から入館すると、まず、鏡と対面します。すると、すぐにミラーコンシェルジュと呼ばれるアバターが鏡の中から現れ、来館者に話しかけます。そして、ショールーム内の製品の概要を映像と写真で説明します。

ショールーム内は普段は無人ですので、ミラーコンシェルジュの説明を聞いた後、気軽にショールーム内の製品を見ることができます。そこで気に入った製品があれば、アドバイザーを呼んで詳しく説明を聞くこともできます。

このシステムによりH社は、人件費を抑えるとともに、本物の見込み客を見つけることに成功しました。

またオンラインでも、一般的なバーチャルショールームと違い、コンシェルジュがショールーム案内と製品説明をしてくれるため、ひとまず製品について知りたいという見込み客の欲求を高次元で満たすことができます。

H社はこのしくみを使い、コスト削減と売り上げ増を両立させたのです。

法人においては、購買や契約をするときは費用対効果を求めます。価格の適正さ、品質の良さ、サービス体制などを考慮に入れ、それが第一条件になるのは当然のことです。要するに、合理的だということです。

これは何も法人ばかりではなく、個人にもいえることです。低価格の日用品であればいざ知らず、耐久消費財と呼ばれる高額品を購入する場合は、失敗したくないという心理が働きますので、製品のことをよく勉強したうえで購入します。

個人が製品を勉強しようとする場合、ひとまずカタログ、ホームページ、口コミ、図面、スペック表など、あらゆる情報源を手に入れます。そしてそれを読み込み、比較し、自分で一定程度理解します。

法人が産業財を購買する場合、その製品の品質、特性、優位性などは熟知していますので、必然的に価格勝負になります。また、個人においても、消費財で汎用的な製品はよく知られていますので、この場合も価格勝負になりがちです。

このように、売り手、買い手がお互いに、考え方の知識を持っているということを当社では、売買における「論理の共有」ができていると言っています。

論理の共有ができている場合、その程度によりますが、コミュニケーションの方法に幅が出ます。

例えば、取引関係のある企業同士であれば、メールやＺＯＯＭでも伝わるでしょう。また、気心の知れた関係なら、ＬＩＮＥやＭｅｓｓｅｎｇｅｒなどでも伝わります。こういった場合は、これらの方法のほうが便利だということです。

一方、論理の共有ができていない、あるいはその程度が低い場合、売り手が買い手に製品を販売するときには「驚きと感動の共有」が必要になります。この場合は、アナログのコミュニケーション―ショールームで対面して製品説明することが有効です。

特に、今までにこの世の中に存在していない製品を販売する場合は必須条件です。驚きと感動を共有することで、全く新しい製品を販売できれば、独占的な販売が可能となり、価格競争に巻き込まれずに済みます。その場所がショールームであり、顧客とともに驚きと感動を共有する人がアドバイザーだということです。

このように「論理の共有」と「驚きと感動の共有」を使い分ける、すなわち、バーチャルとリアルを組み合わせたショールームで、コスト削減と売上・利益の向上を同時に達成することができます。

移動式ショールームで集客数が大幅に増加したＳ社

産業用バルブメーカーのＳ社は、以前、ハコ形のショールームを持っていました。製造業ですので、自社のショールームは必須であるとの考えから、かなり立派なショールームを作ったのですが、もったいないことに活用できずに閉鎖してしまいました。

作っている製品が産業用で、一般消費者が使うものではなく、その道のプロが需要するものです。例えば、給排水・冷暖房設備工事業者、ガス配管設備工事業者などです。

要は、水、温水、ガス、油、気体、薬品などを運ぶための配管をする設備業者が顧客です。製品の販売については代理店が行っていますが、新製品のＰＲやユーザーの囲い込みは直接Ｓ社が行っています。

産業用バルブは、バルブ全体とすると、２０１７年をピークに生産額は下降気味です。汎用品については寡占化が進み、大手メーカーが大きなシェアを握っています。したがって、他のメーカーは手も足も出ないという状況です。

汎用バルブとは、読んで字の如く、汎用性の高いバルブのことです。用途別では、建築設備・給排水用、水道用です。また、材質別では、鋳鉄製、ステンレス製、青・黄銅製です。

バルブ業界では合従連衡がたびたび起き、社名やブランドは守りながらも大手メーカーの傘下に入る中小企業も珍しくありません。

このようなことから、中小のバルブメーカーは特殊品の開発に力を入れています。高温・高圧用、耐薬品用、石油・ガス用などです。

言い替えれば、それでしか生きていけないということです。現場の配管に合わせて製品を開発し、特殊品として販売します。


このような市場環境の中、S社は独自の製品開発を行い、それをショールームで顧客やユーザーに見せて販売につなげる目論見でした。

ところが、よく考えてみれば、作っている製品は産業用、直接の販売先は代理店、ユーザーは配管設備業者という完全なB2Bの取引形態。

平日は、S社、代理店、ユーザー、お互いに仕事をしています。土日休日は、お互いに休みです。これではいくら豪華とはいえ、ショールームに来てくれる人はいません。

加えて、一般消費者でもない代理店や配管設備業者向けに、豪華なショールームを作っても意味がありません。

しかし、よく考えてみればどころか、小学生低学年でもわかりそうな理屈なのですが、ショールームというのは優秀な経営者でさえ盲目にしてしまうようです。

この会社の経営者の方も、ショールームのイメージが固定観念として頭にあったため、うまくいかなかった中の一人です。

このような実例が後を絶ちませんので、憧れや妄想でショールームを作ってはいけないと何度も申し上げています。

S社は展示会に出展していました。産業展と呼ばれるかなり大規模な展示会です。しかし、S社のブースには人が集まりません。

会場には大勢の人が来場していますが、出展者はバルブメーカーだけではなく、配管関係や設備関係のメーカーが多種多様に集まった展示会ですので、バルブに興味のない人もいます。

しかし、集客できない原因は、何よりS社が独自で集客していない点にあります。集客は主催者任せだということです。

そんなわけで、豪華なショールームを作っても活用できず、展示会に高い小間代を支払っても集客できずで、完全にあきらめムードでした。

ところが、ショールームにはいろいろな形態があることを知ったこの会社の経営者の方は、このように考えました。

「豪華なショールームを作っても来館してくれないなら、こちらから顧客やユーザーのところに行けばいい」

「産業展の主催者任せでは集客できないなら、自社で集客すればいい」

この考え方から移動式の発想が生まれ、この時点からショールームの開発がスタートしました。

まず、2トントラックを購入しました。4トン以上にすると、小回りが利かず狭い場所に入りにくいのと、製品自体それほど大きなものではないからです。

その2トントラックに実験装置を載せます。どのようなものかというと、透明なパイプをトラックの荷台に配管して、その途中途中に自社製のバルブを装着します。

そして、透明なパイプに流体──水、空気、油、薬品、蒸気などを流します。流体には色がついていて、パイプは透明なため、その流れを目で確認できます。

その流体が自社製バルブまで達すると、製品品質の見せ所です。流体によりバルブがどのように作用するか、また、バルブの作用によって流体がどのように流れるかを顧客やユーザーに見せます。この実験装置により、自社製品の優秀性、特殊性、独自性をＰＲしようというわけです。

以前の豪華なハコ型のショールームと違い、２トントラックですので場所はあまりとりません。しかもトラック購入費、実験装置製作費、維持費もそれほどかかりません。この実験装置は、トラックの荷台に載っていますので移動ができます。日本全国どこへでも行くことができるということです。

あとはどこへ行けばいいかということですが、以前のように、ショールームに来てくださいと頼み込むようなことはしなくて済みます。基本的に、人の集まる場所へ行き、見てもらうだけです。

そこでまず、代理店の事務所で社員の方々に見てもらうことにしました。もちろん、購買担当者や経営者の方も参加してもらっています。

仕事がひと段落した夕方ころに、製品勉強会という名目で、移動式ショールームで乗り付けます。

普段、代理店の営業社員は、現場等で製品を見たり触れたりする機会もありますが、事務方の社員は、実際は製品をあまり目にすることはありません。

ましてや、実際の配管でどのように使われているのか全く知りません。したがって、何が起こるのだろうと皆興味津々です。

お待たせしました。さあ、実験開始です。温水が勢いよくパイプの中を進みます。そして、バルブの位置まで来ると締め切られますが、温水はお構いなしにどんどん圧力をかけられてパイプの中に送り込まれていきます。

配管内の圧力を測る計器は針が上昇に振れ、そろそろ上限に近づいています。見学者は大丈夫？というような顔つきです。

するとどうでしょう。いきなり「プシュー」という大きな音を立ててバルブから温水が噴き出るではありませんか。それを見た見学者は皆「オー」という声を発しながら感心しています。

これは安全弁という装置なのですが、特に取り立てて目新しいバルブではありません。古くからあるものですが、まずは実験装置そのものを認知してもらい、そのあと新製品や特殊製品のＰＲをしようという計画です。

次に、ユーザー訪問です。この場合、各企業に訪問するのではなく、企業が毎年開催する安全大会に参加することにしました。

安全大会とは、工事会社が、社員はもとより取引先や下請け業者を集めて、それぞれ安全教育の一環として集会を開くというものです。そこでは、警察署や労働基準監督署に講師として参加してもらい、交通安全、労働災害防止の教育が行われます。

ほかにも、取扱製品のメーカーを呼んで製品の説明をしてもらったり、安全な使い方、保管の仕方などを学んだりします。

Ｓ社はここに目をつけ、移動式ショールームで、新製品のＰＲを兼ねた製品説明を行うことにしました。


安全大会に参加するメリットは、多くの取引企業が集まってくるため、ＰＲが広範囲に及ぶことです。また、安全大会を主催する側は、講演がマンネリ化して、何か新しい題材はないかと探しているため、逆に、是非にと依頼されることが多いということです。

展示会においても、この移動式ショールームは大活躍です。販売代理店と組んで展示会を開催します。集客は代理店任せにせず、できる限り自社も加わり集客に動きます。

その場合、製品を並べるだけの展示会ではなく、移動式ショールームを持ち込んで実験を見せることにより、よりリアルに品質の高さを実感してもらいます。

このようにしてS社は、地道なショールーム展開により、ごく一部の地域にとどまっていた販売が、全国に展開できるようになりました。まだまだ全国販売するには程遠いですが、足がかりだけはできつつあります。

地方の中小製造業は、優れた技術を持ちながら下請けに甘んじていたり、ごく一部のユーザーにしか販売できていなかったりという現状があります。

そこから脱却して、受注先企業に影響を受けない、また、大企業に飲み込まれない「独立中小企業」を目指すべきです。そのためには、ショールームをうまく活用することです。

そうすることでビジネスが劇的に変わります。

3、いいモノを作っても売れない

衝撃！N社のショールームが消えた

２０１９年が暮れに近づいたころ、大手給湯器メーカーのN社が住宅設備機器からの撤退を発表しました。システムキッチン、システムバス、洗面化粧台の開発・生産を、２０２０年６月末をもって終了するということです。大手メーカーの住宅設備事業撤退ですからニュースにもなりましたし、残念に思った方も多いでしょう。各地のショールームは閉鎖され、従業員も何割か削減されました。

N社のショールームに行こうとして「あれ？おかしいぞ。確かこの辺りにショールームがあったはずなのに」と、街の風景が変わってしまって初めて撤退を知った消費者の方もいます。

製品自体はよいものでしたし、ある程度は市場に浸透していましたので残念な思いですが、なぜこのような事態に陥ってしまったのでしょう？他社製品との競合に敗れたのでしょうか？

そこで、製造業にありがちな「いいモノを作っても売れない」という真実を、N社を例に解き明かしてみようと思います。

N社の事業撤退に当社では、次のような原因があったと考えています。

1、製品はよかったが売り方を知らなかった
2、営業社員が現場を知らなかった
3、ショールームに特徴がなかった

一つずつ考えていきましょう。皆さんの会社にも当てはまることです。自社に置き換えて読んでみてください。必ずヒントが見つかります。

まず「製品はよかったが売り方を知らなかった」です。売り方を知らなかったといっても素人ではあるまいし、どこへどうやって売ればいいか分からなかったという意味ではありません。マーケティングに問題があったということです。

すでにご説明した通り、住宅設備機器のような施工付きの製品は、専門的な知識のない施主にとっては、専門家である施工業者の意見が重要視されます。

専門的な知識というのは、製品の知識だけではなく「建築との取り合い」という意味があります。

建築との取り合いとは「収まり具合」とも言いますが、建物の構造上、設備機器が設置スペースに入らなかったり、取り付けができなかったりする場合に「建築との取り合いが悪い」と言います。

建築との取り合いは、通常、工務店や施工業者にしか分かりません。したがって、施工業者が「取り合い上これがおススメです」と言えば、多くの場合はそれに決まります。

しかし、本当におススメなのは、お客様である施主に対してではなく、自社、つまり自分の商売に対しておススメなわけです。

その理由はいろいろあって、施工業者が、その製品なら安く手に入るとか、在庫で残っていてちょうど処分ができるとか、いつも来社する営業社員に借りがあるとか、ノルマがあってそれを達成しなければならないとか、そのような理由です。

聞けばくだらないような理由ですが、製品品質が悪いわけではありませんので、それで施主が満足して購入を決めたのなら、それはそれで、お互いに良かったということになります。

また、施主が交渉上手で、施工業者がそのような事情を抱えているのであれば、通常より割引で購入できることも考えられますので、理由はともあれ全くあくどい商売ではありません。普通の商売と考えてください。

さて、住宅設備機器を販売する場合、一般的に商流は次のようになります。

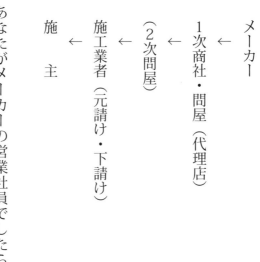

メーカー
←
1次商社・問屋（代理店）
←
（2次問屋）
←
施工業者（元請け・下請け）
←
施　主

あなたがメーカーの営業社員でしたら、どこへ営業に行きますか？施主への営業はショールームがその役割を果たしますが、営業社員は1次商社・問屋、2次問屋、施工業者へ営業に行きますか？

それはとても無理な話です。下流側に行けば行くほどすそ野が広がるからです。したがって、よく行けても2次問屋まで、普通は1次商社・問屋までです。

そうすると、施工業者への営業は商社・問屋任せです。商社・問屋が施工業者とパイプが太ければ自社の製品を採用してもらえるでしょうが、パイプがなければ全く売れないということになります。

それならと、施主にショールームで提案して指定をもらうことを考えるでしょうが、ご説明した通り、施主は施工業者の意見を重視します。よほどこだわりがある場合を除いて、施工業者に「取り合いの問題があって・・・」などと言われれば従うしかありません。

このように、商流の複雑性や建築業界の特殊性もあって、N社の製品が売れなかった、「売り方を知らなかった」ということになります。

しかし、ここで思い出してください。先にご紹介したキッチンメーカーのT社です。T社はどのように売り上げを伸ばしているかといえば?そうです、施工業者を取り込んで自社のファンに育て上げています。

どのようにして取り込んでいましたか?そうです、ショールームを使って取り込んでいました。ショールームで施工研修までやっています。

T社ができて、N社はなぜそれができなかったのでしょう?それは、T社がキッチン専業メーカーで、N社は給湯器メーカーでありながら総花的な製品ラインナップを持ち、しかも住宅設備機器事業に関しては後発だったからということです。

これは、この後ご説明する「現場での技術指導のしくみを持っていなかった」ということにつながります。

このしくみを作ることができなかったため、N社は今回、総花的なラインナップをやめて、給湯器専業メーカーとして生きていく決断をしたということになります。

現場を知らなければ売れるものも売れない

次に「営業社員が現場を知らなかった」です。

あらゆる問題も、問題の解決策も現場に落ちています。現場を知らなければ何もできません。現場を知っているから営業ができるのです。N社の経営者も、そのようなことは当然分かっています。ところが、N社の営業社員は現場を知りませんでした。

「そんな断定していいのか？」と言われそうですが、断定できます。この辺を少し説明します。

「現場を知らない」というのは、営業社員が現場で技術指導ができない、そのしくみがないという意味です。

特にシステムキッチン、システムバスの場合、施工品質も製品品質に含まれますので、各メーカーは、自社製品の施工研修を行い、認定した業者だけが施工できる体制を整えています。

自社のシステム製品を施工するには、施工業者の施工技術が一定のレベルに達していることが必要です。その条件をクリアした施工業者だけが施工できるというしくみです。

しかし、たとえそうだとしても、現場は生き物です。思った通りに行かない場合もあります。その時に、フットワークのよいメーカーの営業社員がどれだけ頼りになるか想像がつくと思います。N社の営業社員はこれができませんでした。

もちろん、中にはできる営業社員もいましたが、他社とは違い、しくみとして対応できなかったのです。

施工する側とすれば、特にリフォーム現場において、どのようなトラブルになるか分からないにもかかわらず、頼りになる人がいないというのはかなりのリスクを伴います。そうなった場合、施工業者はリスクを回避して売ることをしません。当然のことです。

N社は、給湯器専業メーカーから住宅設備機器事業に参入しました。したがって、ガス・石油の燃料系代理店には太いパイプはありましたが、工務店、水道工事店、リフォーム店にとってはなじみの薄いメーカーです。

工務店にはP社が、水道工事店にはT社、L社が、リフォーム店にはそれぞれ得意のメーカーが、代理店を仲介して太いパイプを持っています。

しかも、そのパイプごとに専門の施工班を持っていて、仮に営業社員が現場で技術指導できなくても、専門の施工班グループが対応できるしくみになっています。N社はそのようなしくみも脆弱でした。したがって、そのようなルートに、なじみの薄いN社が割り込むのは並大抵のことではありません。

N社は、売上拡大に非常に積極的な会社でした。「売上高〇千億円を達成するためには、今後、様々な事業を展開する予定です」とトップが言っていた企業です。よほど給湯器専業メーカーから脱却し、産業機器・住宅設備機器総合メーカーへ移行したかったのでしょう。

事実、太陽光発電事業にも進出しました。しかし、産業用は継続するものの家庭用は撤退しています。ほかの事業でも、進出と撤退を繰り返しています。例えば、トイレ事業では温水洗浄便座も撤退しています。

「現場で技術指導ができなかった」というのは、社員やしくみが成長するスピードより、事業拡大の方がかなり速かったため「現場を知らない」営業社員が生まれてしまったということです。

N社は素晴らしいショールームを展開していたが…

N社は、明るくきれいで開放感のあるショールームを展開していました。ショールームアドバイザーは十分教育され、素晴らしい接客でした。しかし、それ以上のものはありませんでした。端的にいえば特徴がなかったということです。

先ほどご説明した通りN社は、先行する総合住宅機器メーカーの後追いをしていました。給湯器にはそれなりの特徴があり、販売ルートも確立されていましたが、そのほかの製品については強い販売ルートを持っていませんでした。必然的にショールームに集客する能力に欠け、施主からの指定ももらえません。

住宅設備機器業界の一般的な話として、ショールームはその役割上、施主から指定をもらう活動が非常に重要になります。何度もご説明している通り、工務店などの施工専門業者は、自社の都合で顧客に製品を勧めるからです。

残念ながらメーカーは、自社の影響が及ばないサプライチェーンの真ん中で決定権を持たれているわけです。そこで、川下から攻めて施主に指定をもらおうと、ショールームで囲い込みを図ったのです。

一方、代理店に対しては、アメとムチで縛り付けると同時にルートの選別を始めました。

自社の製品を積極的に販売しない代理店に対しては、代理店の資格をはく奪したのです。

このように川下政策と川上政策を同時に行い、中間の施工業者を挟み撃ちにしました。しかし、それだけではありません。施工業者に対しても、○○クラブ、××店会といって取り込みを始めました。

このようにして各メーカーは、複雑な住宅設備機器製品のサプライチェーンを制御しようとしたのです。

しかし、N社は、このようなしくみが脆弱でした。しくみは、あるにはあったのですが、十分に機能しませんでした。

サプライチェーンを制御するしくみがない、もしくは、それが脆弱であればショールームの集客力に劣ります。それを補完するのは、特徴ある製品づくりと、施主とともに驚きと感動を共有できるショールームづくりです。しかしN社には、前者はあっても後者がありませんでした。

新しいものを販売する、売りたいものをＰＲするにはショールームは不可欠です。しかし、ショールームがあるだけでは目的は達成できません。そこにはショールームを回す組織としくみが必要だということです。

これについては、これまでにも何度も申し上げてきました。しかし、このことを理解できている企業は本当にまれです。大企業のN社であっても、結果的に理解していなかったと言わざるを得ません。

経営者の方は、自社に最適な形態のショールームと、それを回すための組織としくみがセットであることを忘れてはなりません。

「組織は戦略に従う」といいます。ショールームは営業戦略です。そして、その戦略を支えるのが組織としくみです。

N社は、住宅設備機器事業から撤退しましたが、給湯器事業は堅調です。技術力も販売力もあり、経営基盤は盤石です。今後は、経営資源を給湯器事業に集中させて、さらなる発展を目指していくに違いありません。

第5章

失敗するショールーム5つのパターン

だからあなたはショールームで失敗する

間違った人のまねをすれば失敗する

ここからは、せっかくショールームを作ったのになぜ失敗したのか、パターン別に原因を探ってみましょう。題して「失敗するショールーム5つのパターン」です。

失敗例は星の数ほどありますが、そのほとんどがこれからご説明する、この5つのパターンに収斂されます。

失敗パターン1　飲食サービス・景品で集客する愚
失敗パターン2　情報駄々洩れイベントの愚
失敗パターン3　イベントシーズンにイベントをやる愚
失敗パターン4　関連性のない製品を展示する愚
失敗パターン5　中身のないチラシで集客する愚

なぜそうなってしまうのかお分かりでしょうか?それは・・・

「失敗したショールームを参考にして、失敗するショールームを作る」からです。

そして、

「間違ったショールームの使い方をまねて、間違ったままショールームを使う」からです。

「は？何言ってんの？」と言いたくなるでしょう。しかし、これは紛れもない事実です。99％の経営者はこれで失敗しています。

よく考えてください。成功しているかどうかは、ショールームを所有している経営者にしか分かりません。失敗していても外部の人に「うちのショールームは失敗作だ」なんて本音を話すわけがありません。

失敗している人は、成功しているように見せているだけです。したがって、それをまねても成功するわけがありません。それを失敗というのです。

また、間違った使い方をしていても、本人は間違った使い方をしているとは思っていません。したがって、それをまねれば間違ったまま使うことになります。

要は、これまでの常識的なショールームの作り方では失敗するし、その活用の仕方は間違っているということです。それが、これからご説明する5つのパターンです。

「じゃあ、成功しているショールームや使い方をまねるから、どこのどういうショールームがいいのか教えてよ」という声が聞こえてきます。

ところが、残念ながらその答えは持ち合わせていません。なぜなら、成功の概念は経営者それぞれに違いがあり、何が成功なのか、何が正しい使い方なのか分からないからです。しかし、失敗しないショールームの作り方や、儲かるショールームの作り方はお教えすることができます。

「成功するショールームの作り方」や「正しいショールームの使い方」よりも、「どうすれば失敗しないか」「どうすれば間違わないか」を理解することのほうが大切です。

この書籍は、大企業や、資本が有り余っている一部の企業を対象にしたものではありません。普通の中小企業が、ショールームで大きく儲けるためにはどうすればいいかを著した書籍です。

中小企業は、持っている経営資源が小さいため、あれこれ成功の方法をまねるよりも、失敗しない方法を一途に守ったほうが成功の確率は高いのです。それが、これまでにご説明してきた「儲かるショールーム営業のやり方」なわけです。

そしてそれは、これまでの4章まででご説明してきた中に、そのヒントがちりばめられていますが、改めてここで失敗するパターンとして一挙まとめてご説明します。

その失敗するパターンですが、多くは集客できないことにあります。しかし、ただ集客すればいいかというと、そうではありません。本物の見込み客を集客し、商談できるかがカギとなります。

逆にいえば、本物の見込み客を多く集客し、商談することができれば、あなたのショールームは失敗せず、会社は儲かるということになります。

本題に入る前に申し上げておきますが、ここでは少々痛烈な表現を使います。なぜなら、失敗して大切なお金を失わないように、あえて痛烈に表現することで皆さんの心に刻んでいただくためです。やんわりご説明することもできますが、それでは皆さんの心に引っ掛かりません。

「嫌な言い方をするな」と思われても構いません。それで皆さんのショールームが元気になり「もったいないショールーム」がなくなれば本望です。

この書籍の冒頭でも申し上げましたが、当社は30年以上にわたってショールームとかかわってきました。その中で、中小企業がショールームを作っても成功しないと言われてきました。

その定説を覆し「物置」や「化け物屋敷」と化したショールームを復活させて、儲かるスペースへ変えていきたいのです。

また、これからショールームを作ろうとしている経営者の方には、そうならないように、また、失敗しないようにしていただきたいのです。

これまで考えていたショールームとは、また、その使い方とはまるで違っています。あまりに痛烈で読みたくなくなるかもしれませんが、失敗したくない読者の方は、どうぞ最後までお付き合いください。

失敗パターン1　飲食サービス・景品で集客する愚（B2Bビジネス）

集客数という甘い罠

ショールームで失敗する原因は集客できないことです。集客できていればショールームは回っていると言えるからです。ショールームイベントや展示会は特に、そうでなくても、普段から集客できていなければショールームは宝の持ち腐れになってしまいます。

よく「いや～、集客には苦労をしているよ」「でも何とか目標の集客数は確保しているよ」と言う方がいます。

しかし、ここに大きな落とし穴があります。

ともすると、目的が集客することにすり替わり、集客数だけを追い求めるようになっていることに気付いていません。

「そんなことはない！ウチは集客数よりも売り上げを重視している。その次に集客だ」と言う方がいます。その方に「それではなぜ、イベントで飲み食い・景品を提供しているのですか？」とお聞きすると、「それは～、お客さんに楽しんでもらいたいからだ」と、必ず答えます。

「飲み食い・景品をやめたらどうなりますか？」とお聞きすると、「嫌なことを聞くなあ」

という顔をして目の前から立ち去ります。まるで分かっていません。

ショールームは、どれだけ集客力があるかでその価値が決まると信じて疑わない方がいます。このことは一部正しいのですが、集客数にこだわりすぎると本来の目的を見失うことになります。それに、集客するのはショールームではなく営業社員です。したがって、ショールームに集客力があるという表現の仕方は間違っています。

かの東京ディズニーランドでさえ、アトラクションだけで集客しているわけではありません。そこには素晴らしいキャストがいて、ゲストをおもてなししているからこそ集客力があるのです。アトラクション、キャスト、ゲストが一体となって東京ディズニーランドはできあがっています。

ショールームイベントや展示会で目標とされる数字が、集客と売上です。そして、この目標数字を上回ることが成功の条件とされます。数字の中身は二の次です。

集客数が多ければ「すごいイベントだったね」と評価されます。どこかのロックスターのコンサートと勘違いしています。必要なのは集客の中身です。

バス動員という前近代的なやり方

展示会というと、何よりもまず人集めです。特に、大型展示場で行われる展示会は、会場が広いため大勢の人を集めなければなりません。だだっ広い会場に来場者がちょろちょろでは主催者は恰好がつきません。

そこで、とる手段が、大量輸送方式のバス動員です。今時、まだこんなことをしているのかと目を疑うのですが、まだやっています。これぞ集客のための展示会です。

遠くからバスで会場までやって来てもらうには、展示会見学後はお楽しみがなければなりません。具体的には、飲み食い、観光、お土産です。この3点セットがなければ集客できません。

主催者側は、そんなことは百も承知でいますので、展示会見学スケジュールにちゃんと組み込んであります。

○○御一行様：午前8時集合、バスで移動↓9時半展示会場到着、展示会見学↓11時展示会場出発↓11時半昼食会場到着、食事↓午後1時昼食会場出発↓2時観光地到着、観光↓4時観光地出発、車中でお土産を渡す↓5時半帰着、お疲れさまでした。

このバスにはバスガイドも搭乗します。ツアーの旗を掲げて先頭で歩いていきます。ちゃんと点呼もします。まるで観光ツアーですね。

ツアー参加者は、もちろん経営者の方もいますが、その奥さん、親戚、お友達、近所の人達です。展示会場に人があふれていることが重要なわけですから、これでいいのです。さて、展示会は終わりました。結果発表します。売上○○億円、集客数△千人、目標は大幅達成、大成功です。

これが、一般的に行われている大規模展示会の集客方法です。

ショールームイベントにしても展示会にしても、集客数が優先されてその中身は見て見ぬふりをします。人が集まっていて見かけ上の売り上げが上がっていれば、皆満足です。

集客は、今、ご説明した通りの方法で行います。売り上げは、このようなショールームイベント・展示会で上がるわけありませんから、事前にかき集めておきます。

この数字は、外部の人間には本当に正しいのかどうか分かりません。主催者に都合の悪い数字になれば、鉛筆をなめて帳尻合わせします。

いつまでこんなことをやるのか分かりませんが「もうそろそろやめよう」と声を上げる人はいませんか?皆さん「何か意味ある?」と思っているにもかかわらず、やめられないのが現状なのです。

ジャズ音楽が鳴り響く展示会場

主催者が集客数にこだわるあまり、展示会場がコンサート会場になってしまった例をご紹介します。

それは、プロが需要する産業財の大規模展示会でした。都会の真ん中の会場ですが、高速道路に近いため、車や団体用バスで商談や見学に来る方も多くいます。また、地下鉄の駅にも近いため、交通の利便性はいいところです。

会場は、多くのメーカーが出展していてかなりにぎわっていました。大企業はかなり大きなブース、中小企業は一小間か二小間の小さなブース。企業規模に合わせてそれぞれです。

会場に入る手前まで来て、何か音楽のような大きな音が鳴っています。なんだろうと思いながら会場に入ると、なんとジャズ音楽が大音量で流れていたのです。しかも生バンドです。

会場の真ん中で楽団が陣取り、ジャズの名曲を演奏し続けます。もちろん指揮者もいて指揮棒を振っています。一瞬、どこへ来たのか分からなくなるような感覚です。

ジャズ音楽が好きな人にはいいでしょうが、商談や展示品を確かめに来た人には大迷惑です。商談に来た来場者は各ブースに大勢いたのですが、ジャズ音楽が大音量で流れてきて、お互いに話がうまく聞き取れません。仕方なく「じゃあ、また」ということになって、メーカーの営業社員はがっかりです。

生バンドですので、音楽がずっと鳴りっぱなしということではありません。途中休憩をはさみながら演奏しています。

その休憩中が商談のチャンスです。音楽が鳴っている間は、メーカーの営業社員も来場者も気が散って商談できないからです。ここぞとばかりに皆さん商談を始めます。

音楽が鳴り始めると商談は中止です。それだからといって、音楽に耳を傾ける人は誰一人いません。指揮者はむなしく指揮棒を振っています。

なぜこのようなことを始めたのでしょう？年々、来場者数が減少していて、主催者は集客に頭を悩ませていました。

そこで、一つのアイデアとして、何かアトラクションをすれば来場者数は増えるだろうと考えたのです。そしてその結果は、来場者数は増えず、しかも商談もできずで、失敗の展示会になりました。

このような展示会をまねてはいけません。大企業なら失敗してもご愛敬で済みますが、中小企業はこのような失敗は避けなければなりません。

失敗パターン2 情報駄々洩れイベントの愚（B2Bビジネス）

新聞記者の取材はお断り

大規模ショールームイベントや大規模展示会になると、業界紙の新聞記者がやってきます。主催者が呼ぶ場合と、記者が勝手にやってくる場合があります。小規模のイベントであっても記者にネタがないと、どこかで情報を仕入れて「取材させてほしい」とやってくる場合があります。また、新たにショールームを作ったなどと情報を入手すれば飛んでやってきます。

そんなとき、あなたはどうしますか。取材ＯＫですか？ＮＯですか？

我々一般人にとって、新聞のような公共のメディアに対しては、特別な意識や感情を持っています。その意識や感情は人それぞれでしょうが、公共のメディアに載せてもらえて活字になるというのは、どことなく嬉しさを感じます。その感情があるため、たいていの場合は取材ＯＫとなります。

しかし！この新聞記者が曲者です。あなたはこの記者が、ただの記者だとお思いですか？スパイだとは申しませんが、取材されれば確実に情報は洩れます。

何しろ取材といわれると、舞い上がって「どうぞ、どうぞ、こちらです。詳しく書いてください」と、たいていのことは話してしまいます。

それを新聞記事にするだけならまだしも、いらぬ場所でいらぬ情報を洩らすことがあります。新聞記者だって人の子。居酒屋で飲んでいるうちに愚痴の一つもこぼすでしょう。その相手があなたの会社のライバルだったらどうしますか?調子に乗ってペラペラしゃべられたらかないません。

あなたは、この方たちと守秘義務契約を結んでいますか?結んでいませんよね。自社を宣伝してもらうわけですから。

全ての新聞記者が危ないとは申しておりません。良識的な人たちばかりですが、中にはこういう記者がいるのは間違いありません。

あなたがやっている独自のイベントがうまくできているなら、そのやり方をわざわざライバル会社に教えないでください。自分だけのものにして、ライバルに差をつければいいのです。

「情報を洩らされただけで大げさな」などと思ってはいけません。そのうち必ずまねをされます。取材を申し込まれたらＮＯとは言いにくいですが、きっぱりお断りしましょう。

提灯記事にはご用心

取材される側とは反対に、新聞記事を読むときも注意が必要です。読んだ記事にまんまと引っかかって間違ったショールームを作ってしまったり、間違ったイベントをやったりしてしまうからです。

新聞記者は取材させてもらう以上、その会社のショールームやイベントに対して悪く書くことはできません。例えば・・・

○月×日、△△会社は、本社社屋となりにかねてより建設中だった、鉄筋コンクリート造り2階建ての豪華なショールーム兼事務所がこの度完成し、取引先に披露した。―同時に開催された展示即売会には、遠方の取引先も大挙して押し寄せ、昼食時には会場の屋台の周りに人だかりができ、社員は汗だくで対応に追われていた。―同社社長の□□氏は、ショールームの完成で顧客獲得の足がかりができたとともに、展示即売会の所期の目標を大幅に達成できたと喜んでいる。―

こんな記事を読んであなたはどう思いますか？「おい、うちもこんなショールーム作るぞ」とか、「あの会社には負けられんから、うちでもあんな展示会やれないかな」などと言い始めたら提灯記事の罠にはまったのと同じです。

実際に、そのように始めた展示会があったのですが、その時は、展示会責任者がかなりうまく回したために一定の成功を得ました。

しかしそれは、組織としてのしくみで回したのではなく、展示会責任者の能力で得た成果だったのです。これでは長続きしません。一過性で終わってしまいます。

新聞記者は、悪気があってこのような記事を書くのではありません。広告などでいつもお世話になっている会社が、このようなイベントを開催するのですから、数字の根拠はなくても、かなり膨らませてでも良く書く以外ありません。それをまねしても失敗するだけです。

新聞記者は、事実と異なることを記事に書くことはしませんが、提灯記事である可能性が高いです。それを鵜呑みにしてまねをしたら失敗します。業界紙の提灯記事にご用心です。

失敗パターン3 イベントシーズンにイベントをやる愚（B2Bビジネス）

イベントやるならベストシーズンを外せ

皆さん、旅行に行くときはいつ行きますか？

ご存じのように、旅行先や、その目的によってベストシーズンというものがあります。例えば、北海道なら、ラベンダーの花が咲き乱れる7月とか、雪まつり開催期間中の2月とかです。

この時期は多くの人が集まるため、空港や観光地はごった返しています。当然、ツアー代金も高くなります。いいシーズンに行くのだから仕方ありません。

一般的な旅行であれば、行楽シーズンといわれる4～5月と9月～10月といったところでしょうか。季節のいい時期、動きやすい時期となります。


ところで、イベントにもベストシーズンというものがあります。旅行と同じく4～5月と9～10月です。

この時期は、ショールームイベントや展示会の真っ盛りで、出展者にとっては一番忙しい時期です。週末の金、土、日曜日は、毎週どこかでイベントがあるため出張しなければならず、家に帰れない日が続くという方もいます。

それではお聞きします。あなたがイベントをやろうとしたらいつやりますか？

「そうだなあ、やっぱりみんなが動きやすい時期かなあ」「4月と10月の2回で決まりだね。陽気がいいもの」という答えに必ずなります。

「年間スケジュールで決まっているんだよね」と言う方もいます。「年間スケジュールで決まっている」という言葉の裏には、開催時期について何も考えていないということが隠れています。

要するに、みんな「右へ倣え」を実践しているわけです。

イベントシーズンにイベントをやるということは、行楽シーズンに旅行に行くようなものです。行楽シーズンに行けば、気候も良く服装は軽装で動きやすく、観光地にはそれなりに満足感があります。

しかし、ツアー料金は高いし、人は多く混雑しているし、観光地でゆっくりのんびり過ごすなんてできません。自分だけの風景を見つけることなど無理でしょう。それに、早くから予約しておく必要があります。

ところが、行楽シーズンを少し外しただけでどうなるでしょう？お分かりですよね。これと同じことがイベントにもいえます。

それに、わざわざイベントシーズンの忙しい時にやらなくてもいいわけです。忙しいというのは、主催者も出展者も顧客も、ということです。毎週必ずどこかでイベントが行われていて、出展者は大忙しです。

加えて顧客も、今週はA社、来週はB社と同じようなイベントに誘われて大忙しです。A社のイベントに行って、B社には行かないというわけにはいきません。付き合いでしょうがなく行ったということになりかねません。

イベントをやるなら平日に限る

したがって、本物の見込み客を集客するには、ベストシーズンをちょっとだけ外した平日がベストです。例えば、３月上旬〜中旬とか11月上旬〜中旬とかです。

「平日って、それじゃあ社員が行けないよ」ですって？いいんです、社長が来てくだされば。本物の見込み客とは、購買決定権を持っている人のことを言います。

したがって、ほかの人は来てもらわなくても結構です。もちろん、来てはいけないということはありませんが、買う権利のない人に来てもらっても意味がありません。

ところで「ベストシーズンをちょっと外した平日がベスト」というのは、「自社の営業力、集客力を測るうえで」という前書きが付きます。

どういうことかというと、平日に「イベントに来てください！」とお願いしても、顧客に「忙しいから行けない」と言われるのがオチです。それを「行ってみたい」と言ってもらうためには、普段の営業や地道なイベント告知活動、絞り込み営業が必要です。

土、日、休日の飲食サービス・景品に頼らない集客ですから、本当の実力が出ることになります。その実力を磨くことこそ真の営業力強化といえます。

加えて、主催者、出展者は、普段の営業の代わりに効果測定としてイベントをやっているのですから、休日出勤せずとも済みます。

失敗している会社のショールームは、平日は閑古鳥が鳴き、土、日、休日のイベント開催時だけは人がごった返しています。

ショールームイベントや展示会はそういうものだという固定概念を、経営者も社員も顧客も持っているために、失敗だとは気づかずに延々と同じことをやっています。

そうではなく、ショールームは常に回っている状態にしたいわけです。ショールームが回っている状態とは、常に本物の見込み客がショールームにいる状態を言います。そしてイベント時には、本物の見込み客が大勢押しかけてくる状態が理想です。

失敗パターン4　関連性のない製品を展示する愚（B2Bビジネス）

土木資材の展示会に婦人服？

土木資材の展示会の展示品といえば、もちろん土木建設の材料です。砂、砂利、コンクリート製品、タイル、セメント、足場、スコップ、ミキサー、ユンボ、ダンプなど、ちょっと硬派な資材や機械がそろっています。男っぽいと言ってもいいでしょう。こんな展示会に婦人服が並んでいたことがありました。

土木資材の展示会に婦人服ってなんで？と思われた方も多いでしょう。本来なら婦人服の必要性は全くありません。ところがです。あったのです、婦人服の必要性が。

なぜか？実は、土木建設会社の社長を展示会に集めて、土木資材や機械を買ってもらおうという展示会だったのですが、なぜか土木建設会社の社長は一人で展示会に行くことを嫌がります。「誰かと一緒じゃなきゃヤダ」と駄々をこねます。

展示会主催者は、来てもらわなければ困るわけで、どうすれば来てもらえるかを考えます。そこで「じゃあ、奥さんとご一緒ならどうですか？」「素敵な婦人服もご用意します」となるわけです。

土木建設会社の社長の風貌からして、こわもての人が多いのですが、案外、気の優しい方ばかりです。

さて、社長は、嫌がる奥さんを連れて展示会に来てくれました。「社長、お待ちしていました」「奥さんもご一緒でありがとうございます」などと型通りのあいさつをして展示会場をぐるりと回ります。

社長は、担当者の説明を聞きながら「うんうん」とうなずいています。しかし、奥さんはというと「早く終わらないかな」などとつぶやきながら、仕方なく一緒に見て回っています。時折、社長の服の裾を引っ張り「早く！」の合図です。

奥さんにせかされた社長はそそくさと見て回り、奥さんお目当ての婦人服売り場へ急ぎます。ここから奥さんの出番。社長はやれやれでベンチで座って待っています。

２時間も待たされたでしょうか、ようやく買い物は終わりました。「じゃあ、帰る」と担当者に挨拶して帰宅の途に就きました。

社長はくたくたです。「こんなことなら仕事をしていたほうがいい」ということで、次回の展示会には行かないと決めています。

実は、こういった抱き合わせの展示会は、今も多く行われています。本来の展示とは全く異なる製品も、同時に展示即売する展示会です。集客のために展示しているのですが、逆効果です。これで本来の展示品が売れるなら、営業社員は不要となります。

一流の経営者は実践で人を育てる

「そうはいってても集客しなきゃいけないし、婦人服だって売れればいいじゃない」と言う方がいます。こういう方は売ることだけを目的としています。何が売れようと売れればそれでいいのです。

しかしそんなことでは、いつまでたっても営業力は向上しませんし、営業社員は育ちません。本物の見込み客を探せなくなってしまいます。自分たちの見込み客はどこにいるのか、その見込み客をどのようにしてショールームまで誘引するのか、そして、驚きと感動をどのようにして共有するのか、考えなくなってしまいます。

ショールームで失敗する原因は、本物の見込み客を集客できないことが一番ですが、営業力を強化できない、社員を育てられないということが隠れた原因になっています。

ここで、ショールーム営業の目的を思い出していただきたいのですが、覚えていらっしゃいますか?

ショールーム営業とは「自社に最適な形態のショールームを活用して売上・利益を大幅に増大させる、かつ、そのための組織を作る」ということです。そして「そのプロセスの中で人を育てる」ことを目的としています。

ショールームイベントや展示会を開催する中で人を育てるわけですから、人が育たないショールームはまさに失敗のショールームといえます。

「売り上げがなければダメ」と言う方がいます。その通りです。その通りですが「売っても儲からない」ことが多いです。最終的にはいくら儲けるかです。

「売ることが好き」と言う方がいます。それはいいでしょう。その方が好きなのですから。しかし「儲けることが好き」のほうが現実的です。

売ることしか能がない方、売れば儲かると考える方は、経営者に向いていません。営業社員に戻るべきです。二流経営者の証です。

一流の経営者は、実践の中で人を育てることをします。その結果、売り上げが上がり儲かるようになります。だから会社は大きく強固になるのです。

失敗パターン5 中身のないチラシで集客する愚(B2Cビジネス)

システムキッチンが7割引って本当?

皆さんのご家庭に、住宅リフォーム店からのチラシが入ると思います。そのチラシをよく見てください。

興味のある方はいろいろ見比べているでしょう。システムキッチンが、この店は6割引。一方、あの店は7割引で、システムバスにいたっては8割引だから、リフォームするならあの店にしよう。普通そう思いますね。

「ちょっと待ってください!」

ダメですよ、そんなに慌てて決めたら。

「なんでダメなの?安いほうがいいじゃない」。そう思われるのは当然です。しかしこれにはからくりがあります。どんなからくりかと言いますと・・・

まず、システムキッチンがリフォーム店に入荷するまでのルートと、それぞれの仕入れ値をご説明します。利益はそれぞれ10%と仮定します。

施主（定価×30％）
→リフォーム店（定価×27％）
→２次商社・問屋（定価×24・３％）
→１次商社・問屋（定価×21・９％）
→メーカー（製造原価）（定価×19・７％）

どう思いますか？「えっ！システムキッチンってそんなに安く作れるの？」と思われた方も多いでしょう。結論から言えば、作れるものもあればそうでないものもあるということです。ご説明します。

汎用品、普及品は作れます。なぜかというと、定価が高く、製造原価とメーカーの出荷価格が低いからです。薄利多売というわけです。

高級品は、製造原価はそれなりですが、出荷価格が高いため前ページの図のようにはなりません。1台当たりの利幅が大きいということです。

要するに、チラシで宣伝しているキッチンは普及品で、実売価格は定価×30％の製品だということです。ちょっとこだわりがあって、普通とは違った中級~高級品を選ぼうとすれば、こういうわけにはいきません。


もう一つ、システムキッチンやシステムバスは施工が伴います。部品のまま納品してもらっても困りますよね。

この施工費が曲者です。施主にしてみれば、施工費がいくらかかるか分かりません。もちろん、チラシには小さな字で、標準施工費○○万円と表示されています。しかし、それが妥当なのかも分かりません。中には、この施工費が、やたら高く表示されているケースがあります。標準の意味もあいまいです。

もちろん、リフォーム店が施主をだましているというわけではありませんが、このようなからくりの、中身のないチラシで集客しているのです。

また、こういった会社は、価格の安さを前面に出すだけでなく、景品で集客しようとします。

チラシのトップは、豪華さを前面に出した景品の記事です。

来場特典：来店者全員に洗濯用洗剤1個プレゼント
見積特典：見積もりをした来店者一組に◯◯産大玉メロン1個プレゼント
成約特典：成約をしたお客様一組に××産黒毛和牛牛肉５００gプレゼント
数量限定、なくなり次第終了します

リフォームを手掛けているのは専門店だけではありません。今や家電量販店も盛んに参入し、業績を伸ばしています。

ほかにも、電気屋さん、水道屋さん、塗装屋さんなど、住宅に関連した業種であれば、リフォームをやっている会社は多くあります。

そんな中で、派手な値引き価格を提示せず、景品情報もなしというチラシを打つ、まともなリフォーム店もあります。

チラシの内容は、自社が厳選したおススメ製品と自社の技術力の高さ、そして、リフォームするときのちょっとしたヒントです。

このリフォーム店の本業はガス屋さんです。ガスを売りながらリフォーム情報を収集・発信するやり方で儲けています。

「顧客へのアプローチの仕方の違い」と言ってしまえばそれまでですが、どちらが本物らしいかは、皆さん、感覚的に分かると思います。

中味のないチラシを撒くのではなく、ファンを増やして良い噂を撒いてもらわねばなりません。

エビでタイを釣るようなチラシでは、いずれ釣れなくなります。賢い施主は、必ず本物を選ぶからです。

住宅リフォーム専門店のもったいないショールーム

街の中小の住宅リフォーム店のショールームには、システムキッチン、システムバス、洗面化粧台、トイレ、給湯器、屋根材、外壁材、内装材、塗料など、リフォーム商材が展示されています。

しかし、ご自分で行ってみれば分かるのですが、展示されているとはとても言い難い展示の仕方です。

埃がかぶっている、掃除道具が立てかけてある、カタログや資料が展示品の上に放置されている状態です。当然、コンセプトは感じられません。「ただ置いてあるだけ」「ショールーム内に何もないよりまし」といった程度の展示です。

顧客はこれを見に来ると思いますか？

来るには来ます。しかし、見るために来るのではなく、契約や工程の打ち合わせのために来るのです。

「じゃあ、どこで見るの？」と聞きたくなりますね。

答えは、メーカーのショールームです。

メーカーのショールームは、狭いエリアに、ある程度かたまって所在していますので、ショールーム見学者は都合がいいのです。したがって、多くの製品を見ることができ、自分の好みの製品と出会う機会は多くなります。

「じゃあ、なんで展示しているの？」と聞きたくなりますね。

答えは、展示品がなければリフォーム店ではないからです。

リフォーム店とは、そういう店舗だという固定観念があるからです。恰好がつかないと言ってもいいでしょう。

「じゃあ例えば、メーカーがモデルチェンジしたら、展示品はどうなるの？」と聞きたくなりますね。

答えは、捨ててしまいます。

ごくごくまれに、再利用、すなわち「展示品でいいから安くほしい」という顧客がいたら、その場合にだけ販売します。

しかし、キッチンやお風呂に合わせて家を建てているわけではありませんので、まず再利用はできません。もったいないですよね。展示品と廃棄費用は、リフォーム契約者が平均的に支払うことになります。

「もったいないですね」と、リフォーム店に問いかけると「展示という役目を果たしたのだから、それでいい」という返事。何か釈然としません。

「リフォーム専門店なら、もっとショールームをうまく使えよ」と言いたいところですが、そのような専門店はこれまでにお目にかかったことがありません。

うまく使うということは、きちんと展示がしてあるということだけではありません。営業活動とうまく連動し、回せていることが必要です。

それができていないのであれば、ショールームのスペースは必要なく、もっと効率の良い小さな店舗でいいわけです。顧客が製品を見たいということなら、メーカーのショールームに連れていけばいいだけのことです。

中身のないチラシを作ってばら撒き、それで集客し、意味のないショールームで商談する。これぞ失敗のショールームです。しかし、経営者本人が、そう思っていないところに本当の問題点があります。

第6章

ショールームを最大限生かすための組織づくり

1、経営のショールーム化であなたの会社は一層飛躍する

小売店舗のショールーム化戦略

今、小売業は「店舗のショールーム化」という難題に直面しています。どういうことかというと、消費者は小売店舗ではモノを買わなくなったということです。

「じゃあ、どこで買うの?」ということになりますが、お察しの通りネットです。消費者は小売店舗には行きます。しかし、そこではモノは買いません。確かめるだけです。そして、それが気に入れば、ネットで買うということです。

消費者は、自分の欲しいものがあれば事前に確認します。普段、消費しなれた日用品であれば、そのようなことはないですが、少し値が張る買回り品やこだわりの製品は、やはり確認してから買いたいと思うのが普通です。

また、少しでも安く買いたいというのも人情です。そして一般的に、実店舗よりネットのほうが安いことが多いです。相対的に、かかる諸費用がネットのほうが少ないからです。

そうなれば実店舗は、お客さんは来てもその割に売れないということが起きます。これでは実店舗を展開する小売業はたまりません。

そこで、実店舗で販売しながらネットでも販売する小売店が増えてきました。販売の機

会損失を極力なくそうということでしょうが、コストがかかりますし、業務オペレーションの違いもあります。したがって、そう易々とできるものではありません。

ところが、近年、ちょっと変わった店舗が登場しました。それは「売らない小売店舗」です。

「なに、それ?」と、お思いの方もいるでしょう。それは、東京有楽町にある「b8ta」(ベータ)です。ご存じでしたか?

この店舗は、都心の一等地に立地しており、店舗自体に集客力があります。この集客力を利用したい出品者は、消費者に製品を確認してもらうためにb8taに出品します。

B8taは店内に一部在庫を抱えていますので、消費者は気に入った製品があればその場で買うこともできますが、基本的に店舗では製品を確認するだけで、実際に買うのは出品者のWebサイトからということになります。

B8taの店内にはスタッフがいて、丁寧に接客してくれます。今までこの世に存在していなかったような製品が数多く展示されており、店内を見て回るだけでも楽しめます。

「こんな新しい製品を作ってみました。どうですか?便利でしょう!」といった感じの製品ばかりです。消費者は、何か宝探しをしているようにも見えます。

このように、実店舗では製品の確認をし、実際に買うのはネットでというのを「小売店舗のショールーム化」、または「ショールーミング」と言います。

小売業は、このショールーム化に対応しなければなりません。消費者にリアルで体験してもらう場と、実際に購入してもらう場を別々に設け、より確実に、より簡便に購入してもらうしくみが必要になります。

この小売店舗のショールーム化は、実店舗を持っている小売業がネットへ進出するきっかけになりました。しかし、これとは逆に、ネット通販業者が実店舗を展開するなど、消費者にリアルな体験の機会を提供するきっかけにもなりました。

このようにショールーム化は、驚くほどのスピードで世の中に浸透しているということが言えます。

ここで注目すべき点があります。それは、この**ショールーム化は小売業にとどまらず、あらゆる業種・業態で起きつつある**ということです。まだ皆さん気が付いていないかもしれませんが、ジワジワ、ヒタヒタとショールーム化は進行しています。

それでは、どのようなショールーム化が起きているのでしょう。皆さんと検証していきましょう。

あらゆる業種・業態で進むショールーム化現象

小売店舗のショールーム化とは若干違った形で、小売業以外の業種・業態にショールーム化が進行しています。

どういうことかというと、特にデジタル化が進んだ近年は、だれでも手軽に写真や動画を使えるようになり、文字を読んで理解してもらう手法から、パッと見た瞬間に理解してもらう手法に変わったということです。

文字を読むことで理解するより、五感を使って一瞬のうちに「好き嫌い」「良い悪い」「旨いまずい」を理解してもらうやり方に変わってきています。

また、体験してもらうことによりファンを増やしていく方法もあります。ただ体験するだけではなく、同時に学習もできるといった施設が増えています。

少し具体的な例を出してみましょう。

【飲食業】

あなたの会社の近くにうどん屋さんがあるでしょう。そのうどん屋さんのうどんは手打ちですか？手打ちだとしたら、どのように打っているのかを見たことがありますか？

本物の手打ちうどんの職人の手は、節くれだっています。その手を見れば手打ちだということが分かり、90％の確率でおいしいうどんだということが分かります。

そして、店先のショールームで、うどんを打っているところを見ることができれば愛着が湧き、より一層おいしく感じるでしょう。

しかし、実演という方法は以前からありました。また、来店客のために四六時中うどんを打っているわけにはいきません。

そこで、手打ちうどんが自慢のD社は、うどんを打っているところを動画に撮って店内で来店客に見せています。動画には、打っているところを興味深く見学し、店内でうどんをおいしそうに食べている来店客も映っています。

加えて、そのうどんがなぜおいしいのか、野菜、鶏肉、卵などの食材をどこから仕入れ、それをどのように調理しているのかを見せています。要は、提供するうどんを全て可視化しているということです。

これはＰＲビデオとはまったく違います。ＰＲビデオであれば、うどんの良さだけを誇張して顧客に伝えますが、この動画は、うどんの作り方とその材料を正確に伝えるものです。うどんの価格に見合った作り方と材料を顧客に示して、食べるか食べないかは、顧客自身の判断に任せている点がＰＲビデオとの違いです。したがって、動画を見れば納得です。

安心・安全でおいしいうどんを提供しているD社は、来店客が絶えません。

【製造業】

製造業では、工場見学を実施している会社が大企業を中心に多くあります。特に食品工場では、自社製品の製造過程を紹介するとともに、それを味わってもらいファンにつなげる取り組みをしています。

参加者の中には、繰り返し何度も参加し、工場見学のためなのか食品を味わうためなのか、よく分からない方もいます。

一方、工場では、自社製品をもっとよく知ってもらおうと、そういったリピーターを大切にします。団体客を呼び込んだり、自社工場を観光案内のルートに組み込んだりします。これは、繰り返し見たり聞いたり体験したりしてもらうことで、刷り込み効果が得られることを分かってるからです。

参加者は、このような効果を狙っていると承知しながら参加しているわけですから、お互いに楽しくていい関係といえます。

ところが、本人が知らず知らずの間に刷り込まれている例があります。日本中の子供たちがその成長の過程で、ある企業名を記憶の中に刷り込まれているのです。なんだか分かりますか?それは、大手トイレメーカーのT社とL社の企業名です。

男性が小用でトイレに行きます。用を足しているとき、ふと視線を下に向けると何か文字が見えます。その文字は、自分が子供のころから慣れ親しんだ文字です。

子供のころはどんな意味があるのか、何のマークなのか分かりませんでしたが、とにかくこのような文字があるのだけは覚えています。

特にT社は、そのマークを長年使っていますので、このような質問をすると「そういえば、・・・」と答える方がほとんどです。

したがって、小中学校のトイレ工事は、T社とL社が競い合って受注合戦を繰り広げます。メーカーにとって小中学校のトイレは、刷り込みの機会の、またとないチャンスだからです。絶対必注物件なわけです。

子供のころから長い間刷り込まれた記憶は、大人になっても消えることはありません。トイレといえば○○と刷り込まれているのです。

【図書館（公共施設）】

全国各地に図書館があります。公立の図書館もあれば私立の図書館、大学の図書館もあります。そのような図書館に、あなたはどのようなイメージを持っていますか？

「シーンと静まりかえる館内」
「ページをめくる音」
「圧倒されるほどの本の量」
「専門書を読みふける学生や大学の先生」
「試験勉強をする学生や社会人の姿」
「少し暗めの照明」
「研ぎ澄まされた緊張感」
「本の匂い」

こんな感じでしょうか。

このようにイメージするのは、図書館は静かに本を呼んだり勉強をするところ、知識を身に着けたり専門的な研究をするところ、といった固定観念を持っているからです。

ところが、このイメージを根底から覆す図書館があります。Ａ市の中心部にあるＡ市立図書館です。この図書館には先ほどのイメージのみじんもありません。

「ワイワイガヤガヤおしゃべりする声」
「乳幼児の泣き声」
「音楽イベント」
「占い師・人生相談」
「住宅リフォーム製品の展示会」
「スマホのゲームに興じる若者」
「テスト週間中に席を占領する学生」
「明るく開放的な館内」
「弁当やコーヒーの匂い」

いかがですか？図書館のイメージが崩れたでしょう。老若男女、多くの人が集まり、皆それぞれに楽しみ学習する新しいタイプの図書館です。

この図書館には、全国各地の自治体から見学者が訪れます。それは、図書館のあり方だけではなく、運営方法にも革新的な点があるからです。

来館者がドアから館内に入るとスタッフが「こんにちは！」と明るく元気な声をかけてくれます。そして、退館時には「ありがとうございました」とお礼を言ってくれます。およそ従来とはかけ離れた、異次元の図書館と言えます。

静寂の中で、じっくり本を読み研究をしたい人には向きませんが、開放的で最大公約数的な図書館です。本を読むだけではなく、イベントや展示会など、いろいろな目的で使えるという意味では「図書館のショールーム化」と言えます。

このように、あらゆる業種がショールーム化へと進化しています。特に製造業は、近年、自社製品の認知度を高める目的で、独自のＰＲ施設を次々とオープンさせています。

特に人気が高いのは、やはり体験型に学習型をプラスした施設で、リピーターが多いのが特徴です。小さな子供たちに繰り返し来館してもらうことで記憶の中に刷り込みを行い、将来ファンになってもらう戦略です。

これらのＰＲ施設は、体験型＋学習型のショールームなのです。

経営のショールーム化戦略

これまで見てきたように、ショールーム化という概念は幅が広く、単にモノやサービスを見せて販売するだけではないということがお分かりいただけたでしょう。

それでは「経営のショールーム化」とはどういうことでしょう？ もうすでにお分かりのように、経営をガラス張りにするとか、可視化するとかといった単純なものではありません。少し難しくなりますが、言い替えると「中小企業向け企業統治」の導入ということになります。

「企業統治」とは「コーポレートガバナンス」と訳され、主に、大企業や上場企業は必要不可欠な取り組みです。具体的には、東京証券取引所が定めた「コーポレートガバナンス・コード」を実践するということになります。

さて、中小企業にコーポレートガバナンスの実践をといっても、実際にはできるものではありませんし意味もありません。中小企業向けに変換しなければ絵に描いた餅です。

そこで当社は、経営のショールーム化の概念に合わせて、中小企業向け企業統治導入プログラムを開発しました。

このプログラムを実践することがすなわち、経営のショールーム化ということになります。

ごくごく簡単にご説明しますと、社員と経営者による情報共有組織を構築し、お互いを経営パートナーと認め合い、売上・利益さらに企業価値を高めていこうとする取り組みのことです。

これを実践することは、中小企業経営者、特に、オーナー経営者の方には難しい取り組みになりますが、その成果は必ず素晴らしいものになります。

家族的経営から脱却し、本当の社会の公器として、また、大企業に依存しない独立中小企業として自立していくためにはどうしても必要となる考え方です。

なお、弊社Ｗｅｂサイトでは、経営のショールーム化を含め、さまざまな情報を掲載していますので、ご興味のある方はご覧ください。https://buffalo-consul.com

2、ショールームが輝きだすとき

見込み客を本物の見込み客に仕立て上げるためのデバイス

本書籍はこれまでに、失敗しないショールームの作り方、ショールームの使い方、集客の仕方をご説明してきました。

これらは言ってみれば、受注に至るまでのプロセスです。このプロセスを大切にすることにより、受注の確率を飛躍的に高めることができます。これはいわば、受注に至るまでの導線のようなものです。この導線が途切れないようにするためには、それをつないでおく接着剤のようなツールが必要です。そのツールが、これまでに少しだけ触れた「チラシ」です。

このチラシは、受注に至るまでのプロセスの中で最も重要であるにもかかわらず、見過ごされがちなツールです。

「チラシ1枚でそんな大げさな」と言うかもしれませんが、新聞折り込みとかポスティングチラシとかフリーペーパーのような、大衆の中から自社の購入層を見つけ出すチラシとはわけが違います。

もしそれが、あなたが興味を持っていないチラシだったとしたら、あなたはそのチラシをどうしますか？新聞紙のリサイクルかゴミ箱行きです。

新聞折り込みの反応率をご存じでしょうか？提供する製品やサービスによりその反応率は違ってきますが、０・０１％～０・３％が相場です。すなわち、１万枚の折り込みに対して反応は、１件～30件だということです。

ということは、１万枚を新聞折り込みした場合、９，９７０枚～９，９９９枚はリサイクルかゴミ箱行きだということです。

当社の勧めるチラシは、ショールーム営業のプロセスの中で、見込み客を本物の見込み客に仕立て上げるためのチラシです。また、受注までの導線を強固にし、途切れないようにするためのチラシです。このチラシを、自社の見込み客向けに、的確にポイントを突いた内容にできるかが勝負の分かれ道です。

仮に、絞り込み営業時に的確なポイントをついたチラシができれば、10～30％の確率で集客できることが分かっています。絞り込み営業が順調に進んで、見込み客の状態になっていれば、さすがに１００％は無理にしても、50～70％の確率で集客できることが分かっています。

いかに新聞折り込みの効率が悪いかお判りでしょう。しかし、新聞折り込みが有効ではないかというと、そうでもありません。特に事業立ち上げ時は、まだ顧客がいないわけですから、スタートとなる顧客を探さなければなりません。その場合は、新聞折り込み、ポスティング、フリーペーパー、ダイレクトメールが有効です。

そのような方法でチラシを撒き、ある程度顧客ができてくれれば、先ほどご説明した導線の接着剤としてのチラシ配布が有効になります。

第4章でご紹介した、水道工事店のF社を覚えていますか？　この会社は小さな水道工事店ですが、見込み客の状態で集客する確率、すなわち本物の見込み客に仕立て上げる確率は約70%です。そして、本物の見込み客が成約する確率は、ほぼ100%です。

イベントを計画し、チラシを作るなど準備に1か月。チラシの配布など、イベントの案内を出してからイベント開催までが2か月。イベント終了からアフター営業終了までが1か月。合計4か月です。チラシを配り始めてアフター営業終了までの3か月間は、もちろんチラシが効いています。

しかし、イベントを年間2回開催するとして、アフター営業終了から次のイベントの案内開始までは、3か月のブランクがあります。この3か月のブランクに、顧客を見込み客としてつなぎ留めておくのがF社独自のチラシです。

「どんなにすごいチラシだろう」と思われた方、ご期待に応えられず申し訳ありません。

何の変哲もないごく普通のチラシです。Ａ４のコピー用紙に白黒両面印刷してあります。内容は、これもごく普通で、Ｆ社社名、イベント名、開催日時、開催場所が印刷されています。

一応愛嬌で、来場者にちょっとした記念品―例えば、台所洗剤とか、ペットボトルのしょうゆとか、アルミホイルのような家庭用品を用意していること、イベント会場内はフリードリンクだということが印刷されています。

「こんなことで、どうして３か月もつなぎ留めることができるの？」と言いたいでしょう。今、ご説明した情報は、もちろん、必要不可欠な基本情報です。これがなければチラシになりません。

ところがＦ社は、この基本情報のほかにちょっとした工夫をしています。それは、基本情報以外は、顧客ごとに内容が異なっているということです。

「なに！　それ？」と思われた方、あなたはどんなチラシ作りをしていますか？目玉商品のほかに、お買い得、超お買い得、ポイント２倍、見積もり特典、成約特典などなど。空くじなしの抽選会、ビンゴゲーム、じゃんけん大会などなど。こんなチラシ作っていませんか？それを大量にばら撒いていませんか？

Ｆ社のチラシは、いうなれば、顧客ごとのビジネスレターです。作業員が工事などで顧客宅へ訪問した際、会話の中で関心ごと、困りごとを逃さずに聞いてきます。その情報を1枚のチラシの中で生かすわけです。

例えば「蛇口のしまりがちょっと悪いなあ」と聞けば、チラシには「待望の新しい水栓発売！○○機能がついてとっても便利。ショールームでご体感ください」とか、「キッチンの扉が壊れて不便だわ」と聞けば「T社のキッチンはとっても丈夫。ハンマーでたたいても壊れない。ショールームで実験してみてください」とかです。

文章自体は、取り立てて素晴らしい文章でもありません。誰が考えてもこれくらいのキャッチコピーは作れます。

しかし、このキャッチコピーが効きます。なぜかというと、その顧客専用に作ったコピーだからです。その顧客の困りごとを見事に捉えたコピーで、ハートを打ち抜きました。

これは、作業員が作業中に顧客との会話の中で拾います。顧客の何気ない一言を聞き逃さず、それを会社に持ち帰り日報に書きます。

社長は、その作業員の作業記録とともに顧客の一言欄のコメントを読み、次回のイベントのチラシに生かすわけです。

チラシ自体は豪華でも派手でもありません。非常に簡素で地味で、しかも手作りです。

しかし、顧客のニーズに突き刺さるキャッチコピーが効いているのです。

このキャッチコピーが、顧客の心に突き刺さってなかなか抜けません。仮に、当該イベントに来場しなくても、心に突き刺さって抜けないために気になって仕方ありません。

「どうしようかな」「行こうかな」「やっぱりやめようかな」などと迷っているうちに、イベントが終了してしまいます。

アフター営業で「その後いかがですか？」などと気にかけてくれても「また今度」と言いながらまだ迷っています。そうこうするうちに３か月くらいすぐ過ぎて、次のイベントの案内が始まります。

またF社から「よろしければご来場ください。お待ちしています」などと声をかけられチラシを渡されたら、もう我慢できません。イベント会場にいの一番に行って「お願いします」と契約します。

これがF社独自のチラシの効果であり、導線の接着剤の役目を果たしているということです。

小さな会社の大きな組織力

このチラシの内容は一般的にはごく普通です。ところが、F社の顧客には非常に興味深く「ピクリ！」とするチラシです。今、自分が抱えている問題をズバリ解決できるように、的確なキャッチコピーで書いてあるからです。

人は、困っていることがあって、それがなかなか解決できず、ぐずぐずしているときにタイミングよく「こんなことできますよ」と言われたら非常に興味を持ちます。見ず知らずの人から言われれば「大丈夫かな、やめておこう」となりますが、以前会ったことがあるとか、知り合いの知り合いといった程度でもかなり心が動きます。ましてや、いつも自宅の水道を見てもらっている水道屋さんなら、顔見知りですし信用しきっています。

その水道屋さんから「今度、こんなイベントが近くでありますから、よろしければ足を運んでください。お待ちしています」と言われ、そのチラシの内容がピタリ問題解決と一致していたら、かなりの確率でイベントに行きます。

派手な内容のチラシで集客しようとしている企業は、チラシだけで集客しようとしています。見た目の安い価格と景品で集客する様は、大規模イベントにバス動員し、食事、観光、お土産の3点セットを用意しているのと変わりません。これでは「うちの営業社員は、営業力も集客能力もありません」と公表しているのと同じです。

「もうそろそろ、こんなやり方はやめたほうがいいですよ」。そう声を上げる方はいませんか？皆さんそう思っていても、声を上げる勇気がないためにズルズルと間違ったやり方をいつまでも続けています。

Ｆ社は、社員10人程度の小さな会社ですが、組織力は大企業に負けていません。いや、大企業に勝っている部分もあります。それは、社長中心に団結していることと、役割がはっきりしており、社長も社員もその役割をきっちり果たしていることです。

水道工事をやりながら、作業員がイベントのための営業を常に行っています。作業員ばかりでなく、事務所で働いている女性事務員も、自分は営業社員の一人だという意識が非常に強く、イベント集客や受注に大きく貢献しています。

例えば、こうです。顧客や取引先が来社したときは、笑顔であいさつし、丁寧な接客を心がけています。そこへイベントのチラシをさらりと渡します。ただそれだけです。

ただそれだけですが、笑顔であいさつ、丁寧な接客が印象に残り、チラシを見た顧客や取引先は「行ってみようかな」という気分になるというから不思議です。

この時、その顧客の関心ごとや困りごと情報がない場合は、チラシの内容は一般的なものにしてあります。ただし、一般的といっても、顧客が水回り製品に何を求めているか理解したうえで作っています。

Ｆ社のイベント集客のためのツールは、このチラシのみです。ほかのものは一切ありません。このチラシが顧客の心をとらえ、見込み客となり、その後イベントに来場する本物の見込み客となります。このようなチラシは誰でも作ることが可能です。パソコンとプリンター、それにＡ４のコピー用紙があればできるのですから。

ただし内容は、顧客が「ピクリ！」とするものでなければなりません。ここだけは、この書籍の中でお教えすることはできません。なぜなら、このチラシはＦ社専用であり、あなたの会社の情報と顧客の情報が、今、ここにはないからです。

加えて、実はもう一つ、チラシだけではない工夫が必要です。それは、チラシとショールームが連動していることです。

つまり、Ｆ社とＴ社のショールームは情報共有が出来ていて、見込み客情報はショールームアドバイザーに事前に伝わっているということです。

その情報があるからこそショールームアドバイザーは、驚きと感動を共有する製品説明とアドバイスを行うことができるわけです。

見込み客が、本物の見込み客となってショールームに来館しても、そこで「どちら様ですか？」では、逃げられてしまいます。せっかく「契約するぞ！」と意気込んで来館しても「何をお探しですか？」では興ざめです。

「○○様、お待ちしておりました。△△をご覧ですね。早速ご案内します」これなら本物の見込み客は大満足。来た甲斐があったというもので、即、契約です。

今時、製品のグレードによる差はあっても、同じグレードならメーカーによる品質の差はありません。買うか買わないかは、結局、最後は「人」だということです。


実は、チラシとショールームとの連動が不十分で、せっかくいいチラシを作っても契約に至らないケースが多くあります。

自分がショールームへ行く顧客の立場になって考えてみれば、こんなことは簡単に分かりそうなものです。しかし実際には、どうやってモノを売ろうかといつも考えていると、顧客の立場になって考えるということができなくなります。ここにショールームアドバイザーの盲点があるわけです。

彼ら、彼女らは、製品をうまく説明することはできても、お客様をお迎えするという「おもてなし」が案外苦手です。せっかく契約寸前まで来ているのに、なんともったいないことか。たったこれだけで、顧客一組当たり、数十万円～数百万円の売り上げがなくなるのです。

見込み客用個別チラシの数々

逆に、ショールームを使って売り上げを伸ばしている会社は、このチラシとショールームをうまく連動させています。

本書で度々ご紹介しているY社は、チラシと展示会をきっちり連動させています。機械工具メーカーの営業社員との間で、見込み客の名簿とその情報を共有しているのです。

この書籍の中ではご紹介していませんが、ほかにも、チラシとショールームを連動させることにより、集客率と契約率を上げている会社はたくさんあります。そこには「おもてなし」の接客があることを忘れてはなりません。

F社は、このチラシを使って大きな組織力を生み出しています。社長も社員もこのチラシ作りに一生懸命です。いかに、顧客の関心ごとや困りごと情報を、正確に拾ってこられるかがカギです。

それを全員でチラシに込めるわけです。

時には意見が対立し、チラシ作りの会議が紛糾する場合もありますが、信頼感のある喧嘩をした後は、お互いを認め合い尊重するようになります。これをチームワークと言い、当社が最も大切にしている組織の要素です。

チームとは「経営者と社員全員が共通の目的を持ち、お互いに判断の基準や行動の原則を理解することで、会社全体が一つにまとまっている状態」を言います。

よく、仲良く仕事をしていることが、チームワークがあると勘違いする方がいますが、それはただ単に「仲良しクラブ」であり、チームワークとは全く関係ありません。チームワークがあるというのは「信頼感のある喧嘩」ができることを言います。

F社は、このチラシ作りを通じて会社全体がチームとしてまとまり、社員全員がどうすればいいのか、何をすべきなのかを自分で考え、実行に移しています。したがって、社長がガミガミ言わずとも社員は自立して行動し、成果を出してきます。

F社には、売上目標も集客目標もありません。以前はあったのですが撤廃しました。ないほうが、社員が自分で考え、のびのびと仕事をすることが分かったからです。

F社社長は「たかがチラシ1枚といってはじめは馬鹿にしていたけれど、作り方や使い方によっては数千万円から一億円以上の価値があることが分かりました」「当社はこのチラシでショールームの失敗から立ち直ることができました」と語ります。

再びショールームとは何か

これまでショールームについて、当社の見方、考え方を様々な角度からご説明してきました。ここで改めてショールームとは何かを考えてみましょう。

ショールームには夢があります。経営者の皆さんは、ショールームにご自分の夢を託しているのです。その夢に、憧れや妄想を抱いてはいけないと申し上げてきました。このこと自体は間違ってはいないと確信を持っています。

しかし反面、憧れや妄想なくしてショールームを作ろうという気にならないというのも本当のところでしょう。

もちろんショールームを、ビジネス上の戦略として作って回すことのできる経営者の方もいるでしょう。そういった方は素晴らしい経営者であり戦略家です。

たとえ、憧れや妄想で作ったショールームで大きな失敗をしたとしても、復活させることは必ずできます。新たな増員や設備投資をしなくてもできます。派手なショールームイベントや展示会も必要ありません。必要なものは、絞り込み表とチラシだけです。

特別なチーム編成も必要なく、普段のルーチンワークとしての営業をベースに、これまでの営業のやり方を変えるだけです。

これまでご説明してきた通り「これからショールームを作って、もっと儲かるようにしたい」「物置と化したショールームを復活させて、もう一度使えるようにしたい」「今度は展示会で結果を出したい」など、ショールーム営業を推進するためには、まず、あなたの意識を変えてください。

「案ずるより産むが易し」とは言いますが、ショールーム営業は考えるほど難しくありません。いつでも、誰にでも取り組める営業方法です。やってみれば案外簡単だったということになるでしょう。

しかし、見様見真似では必ず失敗するということも、また事実です。

あなたの会社には、ちょっとした空きスペースはありませんか?例えば、事務所の片隅、倉庫の空きスペース、工場の廃材置き場など、無駄なスペースは必ずどこかにあるはずです。

そのスペースは、ただのスペースで生産性はゼロです。それを、儲かるスペースへ生まれ変えらせるのがショールーム営業です。

または、ショールーム自体を持たなくても、取引先のショールームを借りたり、展示会を自主開催したりする方法もあります。

ショールームは無限の力と可能性を秘めています。どんな時代になろうともショールームがなくなることはありません。それは、作る側にとっても利用する側にとっても、また、誰にとっても憧れであり夢だからです。

皆さんには、ショールームを「物置」や「化け物屋敷」にしてほしくないという願いとともに、思い切って、ショールームにご自分の夢を託していただきたいと思います。

必ず、あなたの夢はショールームで叶います。

成長し続ける会社とは

最後に、この書籍の冒頭から登場しているY社の、その後についてお話しします。

Y社は、展示会というショールームを活用して一時の危機を脱し、地域1番店になるまでに成長しました。

社長は「あの時は苦しかった。しかし、あの苦しさがあったおかげで展示会のやり方が分かったし、絞り込み営業とチラシでここまで来ることができた」と話します。

Y社がここまで成長した要因は何でしょう?もちろん、ショールーム営業を実直なまでにやり遂げたということはあるでしょう。

当初は半信半疑だったものの、徐々に成果が見えだしたころから「自社にはこれしかない」という強い気持ちを持って取り組み始めました。

特別な経営資源があるわけでもなく、ごく普通の中小企業であったY社が急成長した要因は、すごい能力がないからこそ、一つのことに集中して取り組んだということが挙げられます。

少ない経営資源をショールーム営業に集中させたことで、無駄がなくなり効率的な事業が可能になったと言えます。

さて、そのY社のその後ですが、経営基盤が安定してきたところで新たな投資に踏み切りました。なんと今度は、自前のショールームを作ったのです。

ショールーム自体は、それほど大きいものではありません。しかし、社長のショールーム営業への信頼感は厚かったのか、これまでの展示会の経験を生かせば必ず集客でき、売り上げは上がると踏んだのです。

商社でありながら自前でショールームを持つというのは、かなりの勝算がなければできません。失敗すれば大金を失うことになります。

しかし、社長は「失敗するショールームが、なぜ失敗するのかを身をもって体験しました。失敗しなければいいわけで、それを成功というならば、うちは必ず成功します」と自信をもって話します。

このショールームで何がしたいのか社長にお聞きすると「地域1番店になったのはいいけれど、またゆでガエルになるのが嫌なんです」「常に危機感をもって事業をしていかないと、また元に戻ってしまいます」と話します。

続けて「ドミナント戦略で営業エリアを拡大しようと思っています」「ゆくゆくは全国に支店を出せるくらいになりたいです」と夢を語ります。

実際、このショールームがきちんと活用できると確認できた時点で、次のショールーム併設型支店を出店する計画になっています。

こういった情報は、業界内ですぐに伝わります。建設機械メーカーとしても勝ち馬に乗りたいのは当然ですので、自然とY社に足が向かいます。イベントを開催するにしても協力的になります。

しかし、社長は危機感を露わにします。

会社は、坂道を転げ始めたら早いということ、そして、蜘蛛の子を散らすように、周りから人がいなくなることを知っているからです。

社長は投資を続けます。自社の未来のビジョンも、新しい発想も持っているからです。そして何より、リスクを取ってチャレンジする勇気と覚悟があるからです。

ショールーム営業という戦略により、Y社は新しい道を歩む決断をしました。この先も、難しい決断をしなければならない時があるでしょう。

しかし、これまでの経験から、次のような人生訓を持つまでになりました。

人は経験によって学ぶ
ピンチの時にこそ本当の力を発揮できる
チャレンジすることで新しい世界が見える
正しい方法で努力すれば結果は必ず付いてくる
人を頼るな、人を巻き込め

Y社とY社社長は、成長し続ける会社を目指して新たなチャレンジを開始しました。様々な経験を経て、ここに至ったY社の活躍を願わずにいられません。

そして、この書籍を読んでいるあなたにも、ショールームを活かして事業の発展が叶いますよう心から祈念しています。

あとがきに代えて

私は現在、ショールームを活用して営業戦略、経営戦略を立案するコンサルタントとして活動しています。

日本全国には、大企業を中心に機能的で素晴らしいショールームがある反面、中小企業のショールームは「もったいないショールーム」になっているケースが数多くあり、非常に残念に感じています。

これからショールームを作る方には、そうならないように、また、そうなってしまった方には、復活させるためのお手伝いをしているというわけです。

前職時代は、コンサルタントと聞けば「胡散臭い」「役に立たない」「怪しい」などと全くマイナスイメージしかありませんでした。

その自分がコンサルタントを職業にするとは、当時、夢にも思わなかったのですが、いざなってみると、日本の中小企業には必要不可欠な職業であると、今、ひしひしと感じています。

本文でもお話しした通り、中小企業は経営資源が総じて小さく、経営者の方は四苦八苦しながらなんとか経営をやりくりしている状態です。

そのような中小企業がショールームを作っても成功しないといわれている通り、使われずに「物置」と化してしまったショールームをたくさん見てきました。

また、イベントや展示会は人集めのためのものであり、何の成果も効果もないやり方に疑問を抱いていました。

このような状況の中、自分のやるべき仕事は、経営者の方に「ショールームで失敗しないためにはどうすればいいのか」、また「どのようなイベントや展示会にすれば自社のためになるのか」をアドバイスすることであるとの考えに至り、この職業に就いたわけです。

「経営のことは、中小企業の社長が一番よく知っている」

この言葉は、私が最も敬愛し尊敬する、前職の米津物産株式会社の鈴木章夫会長から教示していただいた教えです。

私は、この教えを噛みしめながらコンサルティングを行っておりますが、その通り、中小企業経営者の方の、肌感覚の経営能力には驚かされる毎日です。

鈴木会長は、時には頑固おやじのように厳しく、時には包容力のある兄のように優しく私を育ててくれました。

今、私が、中小企業経営者の方に対し的確なアドバイスができるのは、鈴木会長から、ものの考え方や人への手の打ち方、経営哲学などを、仕事を通じて深く教えていただいた賜物と考えています。本当に感謝の念に堪えません。

現在、日本を取り巻く様々な情勢は目まぐるしく変化しています。ショールームにアプローチする方法も変化してきています。

しかし、ショールームに対する基本的な役割や要求といったものは普遍的なものです。なぜなら、憧れや夢といった人間の欲求を満たすものだからです。

ネットが全盛のデジタル社会の時代だからこそ、売り手も買い手もお互いに、アクセスポイントとしてのリアルな商談の場が今後ますます重要になってきます。

売り手と買い手が直接、五感と第六感で感じあう、驚きと感動を共有しあえる空間が見直されるようになります。

今は、まさに新しいショールームの夜明け前なのです。

本書では、ショールームで失敗しない方法を重要な点に絞って書きました。また、未来のショールーム化現象や、経営のショールーム化についても言及しました。

まだ少し書き足りないところがありますが、本書が皆さんのビジネスの一助になることを願ってやみません。

末筆ながら、鈴木章夫会長はじめ前職でお世話になった皆さんに、心より感謝申し上げます。ありがとうございました。

２０２１年10月吉日

株式会社 バファローコンサルティング
代表取締役　細井　透

著者／**細井　透（ほそいとおる）**

ショールーム革新経営コンサルタント。中小企業のショールームを、儲かるゴールデンスポットに仕立て上げる専門家。

これまでのショールームに関する常識を覆し、本物の見込み客のみを完全集客することで、契約率を高める手法を確立した「ショールーム営業」の第一人者。

豊かな実務経験と確かな理論で瀕死に陥った企業を甦らせ、成長段階にある企業をさらに大きく飛躍させるなど、ショールーム営業の手法で様々なステージにある企業を直接指導。30年以上にわたり、企業の特徴に応じて最適なショールームづくりを提案している。

「この世の中から、もったいないショールームをなくしたい」という強い信念のもと、株式会社バファローコンサルティングを設立。現在、同社代表取締役。

これまで関わった企業には売上・利益2倍3倍はもとより、利益10倍を達成した企業もあり、販売や集客に悩みを持っていた各界中小企業経営者から、まさに救世主と絶大な信頼を得ている。

1961年愛知県生まれ、中京大学経済学部卒業。

小社 エベレスト出版について

「一冊の本から、世の中を変える」――当社は、鋭く専門性に富んだビジネス書を、世に発信するために設立されました。当社が発行する書籍は、非常に粗削りかもしれません。熟成度や完成度で言えばまだまだ低いかもしれません。しかし、

・リーダー層に対して「強いメッセージ性」があるもの
・著者の独自性、著者自身が生み出した特徴があること
・世の中を良く変える、考えや発想、アイデアがあること

を基本方針として掲げて、そこにこだわった出版を目指します。

あくまでも、リーダー層、経営者層にとって響く一冊。その一冊から経営が変わるかもしれない一冊。著者とリーダー層の新しい結び付きのきっかけのために、当社は全力で書籍の発行をいたします。

商流をつくって半自動的に儲かり続ける、
業種×業態別ショールーム営業戦略

定価：本体3、080円（10％税込）

2021年11月12日　初版印刷
2021年11月30日　初版発行

著　者　細井 透
発行人　神野啓子
発行所　株式会社 エベレスト出版
〒101-0052
東京都千代田区神田小川町1-8-3-3F
TEL 03-5771-8285
FAX 03-6869-9575
http://www.ebpc.jp

発　売　株式会社 星雲社（共同出版社・流通責任出版社）
〒112-0005
東京都文京区水道1-3-30
TEL 03-3868-3275

印　刷　株式会社 精興社　　装　丁　MIKAN-DESIGN
製　本　株式会社 精興社　　本　文　北越紀州製紙

 ISBN 978-4-434-29781-6